# 孔子

## 追求人的完美典範

傅佩榮 著

# 目錄

# 自序

值得做的事很多，但我一生做不了幾件，值得念的書很多，但我一生念不了幾本。因此，面對自己短暫的一生，人首先要學會的就是「給一個說法」：我做這幾件事，我念這幾本書，以及我選擇如何如何，都需要一個合理的解釋。

這無異於探討一個大問題：人生有什麼意義？因為「意義」不是別的，而是「理解之可能性」。我過這樣的生活，以這種方式與人來往，這一切作為是「可以理解的」嗎？如果說不出所以然，也就是沒有一個說法，那麼，我的人生就談不上什麼意義，只是人云亦云，隨俗浮沉，十六個字就講完了：「生老病死，喜怒哀樂，恩怨情仇，悲歡離合。」其他的大道理都只是風聲吹過而已。

面對如此處境，似乎只有一條出路，就是「愛好及追求智慧」，而這句話恰好是古希臘時代對「哲學」一詞的原始定義。不過，我在此不是要介紹西方哲學，我要推薦的是與我們一樣使用中文的，中國古人的哲學。雖說是古人，但一點也不老舊；他們使用古文，卻依然照亮了今日世界。蘇格拉底有一個年輕朋友，這個朋友借酒裝瘋，說出他對蘇格拉底又愛又恨的心情：「他使我覺悟生命不該因循苟且，忽略自己靈魂的種種需要，迷失在政治往還的生涯中。我起初無法接受，掩耳疾走，背他而去。他是唯一使我覺得自己可恥的人。我曾多次暗咒他早早死了才好，但我又知果真如此，則我的哀傷將遠遠蓋過我的欣喜。」

「掩耳疾走，背他而去。」我好像也曾有過這樣的念頭，但針對的「他」是誰呢？不是別人，就是我在這兒要向大家介紹的「孔子、孟子、老子、莊子」。他們並稱為「中國四哲」，但我年輕時，只覺得他們難以親近，也不易理解。孔子說話精簡扼要，如念格言金句；孟子倡言仁政理想，結果落個好辯之名；老子看似很有見地，內容卻是恍惚難解；莊子寓言常有巧思，讓人感嘆浮生若夢。我曾想過，如果沒有這四哲，我們求學時會不會輕鬆一點？傳統的包袱會不會減少一點？

現在我明白了。如果沒有他們，我的哀傷將遠遠勝過欣喜，甚至這一生只剩下十個字：重複而乏味，茫然過日子。讀懂他們的文字，領悟他們的思想，實踐他們的教導，品味他們的智慧，然後這才發現自己身為中國人，並且能夠從小使用中文，是一件無比幸福的事。

他們身處危機時代，虛無主義的威脅有如張牙舞爪的惡魔。孔子與孟子代表儒家，主張「由真誠引發內心行善的力量」，使價值的基礎安立於人性中，如此可化解價值上的虛無主義。老子與莊子代表道家，主張「凡存在之物皆有其來源與歸宿」，那即是作為究竟真實的道，如此可消除存在上的虛無主義。前者重視「真誠」，後者肯定「真實」，殊途同歸但皆使人的生命展現明確意義，有如麗日當空，光明普照，而人生的喜悅與快樂也有如空氣般自然遍存。

我歸納儒家思想為四字訣：對自己要約，對別人要恕，對物質要儉，對神明要敬。至於道家，也有另一套四字訣：與自己要安，與別人要化，與自然要樂，與大道要遊。這簡單的八字心得，可以在這四本書中找到詳細的說明。

「孔孟老莊」四哲，每一位都是千年難遇的良師與益友。我研究中西哲學四十餘年，最大的收穫就是學習並了解這四哲的思想。我出版有關他們思想的書籍與有聲書很多，現在這一套書原是一系列四十八講的課程，整理成文字稿再經修訂而成，所以內容淺顯易懂，文字輕鬆可讀，結構完整周延，論述一氣呵成。不限時空，隨手翻閱，壓力不大，心得甚深。談到「哲普」作品，目的不正是如此嗎？

有關「孔孟老莊」四哲的原典與譯文，請參考我在天下文化出版的《人能弘道》、《人性向善》、《究竟真實》、《逍遙之樂》。每次出新書，我都憂喜參半。喜的是心得可以與人共享，憂的是我還可以做得更好啊！

# 主題一：在考驗中成長

# 第一講：學習是人生的轉捩點

西元前八百年到西元前兩百年，這六百多年之間，哲學家稱之為人類文化的「軸心時期」。以「軸心時期」為基準，人類在文化上出現很大的差異。在此之前，人類面對洪荒世界，在自然界掙扎求生；人類的社會慢慢發展，接踵而至的是各種複雜的問題。到了軸心時期，幾個重要的傳統分別形成了。

依照年代的先後，代表人物有：印度的釋迦牟尼、中國的孔子、希臘的蘇格拉底，以及猶太的耶穌。這四位古人的特別之處，正是孔子所說的：「人能弘道，非道弘人。」（《論語・衛靈公十五》）孔子認為是人在弘揚人生的理想，人類的生命才是價值的主體，並非靠既定的理想使他的生命發光發熱的。

譬如，印度本就有源遠長流的印度教。但印度教相當重視古代的神話與複雜的儀式，並嚴格遵守種姓制度。人一出生即列入某種階級，到輪迴之後才有可能改變。然而釋迦牟尼強調眾生皆有佛性，任何人都有覺悟的智慧，只要覺悟，生命就可以「離苦得樂」，這對所有人皆適用，不分階級、不分種族。

蘇格拉底在西方也面對一個複雜的挑戰。研究自然界的學者，把宇宙看成物質結構，加上動力而不斷運轉。熱衷辯論的辯士學派，走遍各地，發現人間的法律是相對的，價值當然也是相對的，所以他們就不再肯定任何原則，只求達到目的而不擇手段。蘇格拉底深入反省，首先認同人類社會的法律，進而接受祖先傳下來的宗教，再回到個人良心的聲音，也就是所謂精靈的聲音。在蘇格拉底之後，他的學生柏拉圖推展出西方的哲學傳統以及求真的精神。

就耶穌而言，猶太教本來就有非常長遠的歷史，《舊約》與《新約》的差異，是從法律轉向仁愛。所以耶穌特別強調：神喜歡仁愛勝過祭獻的。人們奉獻很多禮物給神，但是祂並不需要，因為祂創造了一切。如果心中有愛，也有信仰，進而展現出人的美善品格，神才會真正悅納。耶穌也說，將來人們禱告不用在耶路撒冷，而在每一個人的心裡，用自身的精神與行為來禱告；這就是轉捩點。這四大聖哲出現之後，每個傳統開始調整轉移，把重點放在人的身上，而這個人是指普遍的人，是一往平等的。

我們再看孔子。他從政的時候，有一次下朝回家，家人報告：馬廄失火了！他只問有人受傷嗎？而不問馬的損失情況。「廄焚，子退朝，曰：『傷人乎？』不問馬。」（《論語・鄉黨》）古代是封建社會，在馬廄裡工作的馬車夫、佣人、工人，社會階級較低。對孔子來說，只要是人，都有平等的能力，譬如學習的能力，修養德行的能力。如此，就使得每一個人的尊嚴得到肯定。依今天的觀念，很容易認同孔子的話，但在西元前第六世紀的當時，這是偉大的創見，何況他還身體力行。

本書首先要談的是：孔子在考驗中成長。學習是孔子一生的轉捩點。這對多數人而言，是很能理解的經驗，但以孔子的生平背景來說，卻是很特別的。他的祖先本是宋國的貴族，宋國是商朝的後裔。夏朝四百多年，商朝六百多年，西周與東周共八百多年。東周又分春秋時代與戰國時代。孔子生在春秋時代末期，已是禮壞樂崩的年代。禮樂本是維繫人類社會最重要的兩大支柱，既已壞了、崩了，社會秩序如何維持呢？所以這是時代的危機，但是對孔子來說，危機就是轉機。他的祖先原是宋國的王室成員，本來有機會擔任宋國的國君，因為謙虛禮讓，一讓之後就一路讓下去了。後來到第六、七代時，遷居魯國。再過幾代，他的父親叔梁紇曾任鄹邑（即今日的曲阜）的縣長，古代的縣長已經位列大夫。他的父親第一次結婚生了九個女兒，古人為了祭祀祖先，總希望生個兒子。第二次結婚產下一子孟皮，但是腿有殘疾，身體不健康對古人來說，也是件遺憾的事。叔梁紇六十多歲時，認識了還不到二十歲的顏氏，生下孔子。孔子的父親在他三歲的時候去世，由於孔家還不能接納他們，母子甚至無法參加葬禮。孔子十七歲時，母親過世，他到處請教鄉里長輩他父親的安葬處，才將父母親合葬。

孔子成長於單親家庭，與母親過著非常貧困的日子。後來別人稱讚他的成就。他說：「吾少也賤，故多能鄙事。」（《論語・子罕》）我們說：「英雄不怕出身低。」在困難中可以磨練，可以開發潛能。魯國的曲阜南門有一沂水，冬至固定舉行祭祀天地的典禮，稱作「郊祭」。每個人都會穿上莊嚴的服裝、禮帽，進退有序，盛大隆重，孔子小時候最喜歡和同伴玩這種遊戲。司馬遷也說孔子小時候「陳俎豆、設禮容」，學習大人祭拜天地。他欣慕那種人文化成、莊嚴肅穆的場面，感覺人的生命到了那一層次，才顯出真正的價值。如果沒有這種禮樂教化，只看到赤裸裸的人性，以及人與人之間的競爭，那麼人的生命怎能算是美好呢？

## 亂世中的貧困少年

孔子十五歲時，又是一個轉捩點。當時他只能接受鄉村教育。鄉村教育指的是農耕社會到了十月農忙結束後，讓所有的小孩子都來上課。退休官員與受過教育的人，年紀大了以後，很願意把他們的知識傳給下一代。他們所學的有兩種，一是文化常識。譬如，魯國人要記得魯國祖先是周公的後裔；齊國人，則要明白齊國的祖先是姜太公的後裔。姜太公即姜子牙，周公在當時是偉大的政治領袖，大家都懷念他。孔子學會文化常識後，知道在封建制度下，每一個國家都與周朝的宗室有關係。第二是學習武藝，男子年滿十五歲需服勞役與兵役，因此要學騎馬射箭。孔子學什麼都學得很好，一般人十五歲後就開始工作，繼承父業，但孔子認為一旦如此，恐怕一生將無成就，因此決心學習。所以，孔子曾說：「吾十有五而志於學。」（《論語・為政》）這話今天聽起來很平常。現代人六歲進小學，但我們很少有立志的，都是被迫的，而孔子則是立志終身學習。我自己教書三十多年，為什麼特別佩服孔子呢？因為他曾回答子貢，說自己「聖則吾不能，我學不厭而教不倦也。」（《孟子・公孫丑上》）「厭」就是不想學了，「倦」就是不想教了。我們教書時間久了之後，容易感覺「學就厭，教就倦」，因此看到孔子這種表現，特別佩服他。

孔子曾向老子問禮，向師襄習樂。老子是道家的代表人物，究竟是不是寫《道德經》的那個老子，到現在還有爭議。老子是周朝的守藏室之史，負責國家檔案與圖書館，非常有學問。臨別時，老子建議孔子不要過於積極改變社會，以免遭到別人的嫉妒。每個人都有年輕的時候，只要勇於向長輩學習，就能減少犯錯的機會。孔子學習音樂的經驗更好，真是青出於藍而更勝於藍。他向師襄學習一首曲子，一定精通它的旋律，了解它的技術，還要明白作曲的目的與心意，並揣摩它所描寫的人物是何模樣。師襄是瞎子，雖然看不見，聽到學生這樣講後，非常感動，甚至離開座位向孔子鞠躬。所以孔子無論學習什麼都可以溫故而知新，所謂「溫故而知新，可以為師矣。」（《論語・為政》）當老師的條件就是了解過去，加上新的創意，能夠不斷推陳出新。

## 立志學習：五經與六藝

孔子的學習有三點特色。第一、學習最好的東西。在當時最好的東西就是「五經」、「六藝」。「五經」為《詩》、《書》、《禮》、《樂》、《易》，範圍已經很完整了。詩代表文學，書代表歷史，易代表哲學，禮代表生活規範，樂代表音樂、藝術。古代的書刻在竹簡上，三百頁就有三百片，即可裝滿一車。而孔子教學生的材料就是這些，尤其是《詩經》，他以《詩經》教學生，非常地嫻熟。

古代的大學教育只有貴族子弟或官宦子弟才有機會受教。當時讀書人的出路比較狹窄，學成之後，因為有知識、有能力服務百姓，因此幾乎都成為社會的領導階級。念大學的貴族子弟，由於工作有保障，就不見得用功了。孔子教學的目的非常清楚，他的學生以平民百姓為主，也有少數貴族子弟。由於孔子的教學成效勝過大學裡的老師，許多貴族子弟主動求教。也因此魯國的官員中，有不少是孔子的弟子，表現相當傑出。孔子本身當然也具備這樣的能力，他精通經典後，不斷有自己的創新見解，可惜的是，他不能多談自己的思想。我們今天多麼希望孔子發表系列演講，講述他自己的思想。

「六藝」為禮、樂、射、御、書、數，和「五經」有兩項重複。「五經」中的禮樂，代表文獻資料，說明何為禮，何為樂。「六藝」的禮樂，則是實際操作。學會了禮之後，必須實際參與祭祀、婚禮、喪禮、士冠禮、鄉射禮。據說孔子請教老子時，特別針對喪禮的細節請教。譬如，送葬的隊伍遭遇日食，不見陽光，那麼隊伍該不該繼續前進呢？因為晚上不能送葬。至今仍有老子帶著孔子一起從事喪禮的紀錄。「樂」更需要操作，懂得很多音樂原理，講得頭頭是道，但卻不會彈琴，也只能稱為紙上談兵。孔子的音樂造詣很高，他曾於衛國友人家中擊磬，連路人都聽出他的心意。孔子感嘆無人了解他，他的弟子三千人，其中精通六藝者七十二人。但他卻公開說：「沒有人了解我呀！」我們不禁要請教孔子，是弟子不勤學？還是你的思想太神祕？一個人的思想要讓人全盤了解，並非易事。如，學生耳熟能詳的「四十而不惑，五十而知天命」。二十幾歲的年輕人如何了解何為迷惑？從小只聽從父母師長的安排指示，不需動腦，四十歲以後要獨立了，自己面對人生，此時迷惑最多。孔子在此時已不惑了，但他的學生很年輕，甚至與他相差四十幾歲，要他們如何了解孔子的思想？

孔子的射與御也非常傑出。他曾說：「君子無所爭，必也射乎。揖讓而升下而飲，其爭也君子。」（《論語・八佾》）君子沒什麼好爭的，如果一定要爭的話，就比射箭好了，射箭前先打躬作揖，射箭後再次打躬作揖，一起飲酒，這種競爭表現了君子風度。有人說孔子「博學而無所成名。」（《論語‧子罕》）指他非常博學，但卻無特定專精的名聲。孔子聽了以後說：「我要靠什麼出名，射箭嗎？還是駕車？我靠駕車好了。」代表孔子駕車的技術超過了射箭。孔子身高一百九十二公分，父親是大力士，駕起車來很威風。至於書與數，書是書寫，為做官的基本能力。數是計算，計算帳簿的正確性，孔子年輕時曾在公家機關管過帳。

孔子的學習經驗是，先學習古代「五經六藝」的知識與能力，如海綿般盡力吸收，這是最好的示範。人年輕時，心思單純，有豐富的腦容量，如能好好學習，什麼都學得會，就怕你不學。

孔子學習的第二個特色是：學與思並重。二十多年前我在美國耶魯大學念書，住學校宿舍。同寢室有位日本同學，東京大學法律系畢業，在日本政府工作，再到美國念ＭＢＡ。我們寢室各有臥室，但共用客廳。美國同學放假就各自回家，我們這些亞洲同學無家可歸，常常聊天。有一次我與日本同學聊到孔子，他忽然很興奮，說他認識孔子，接著用日文講了一句孔子的話。我說孔子也不懂日文呀！他只好拿出一張紙來寫，寫的是文言文，子曰：「學而不思則罔，思而不學則殆。」（《論語・為政》）當時我非常震撼，就像自家的寶貝被偷走了！他還很得意地說：「日本人在中學時代，都要背《論語》。」我心想，儒家的思想在華文世界受到很多批評，就算是拿來教學生也被當成教條，考完試就忘了居然有人背《論語》時這麼得意與驕傲。當時我就決心要好好研究儒家思想。為什麼外國人那麼珍惜我們的文化，我們自己反而不在乎呢？外國人選擇世界各種文化研究也是精挑細選，沒有足夠的內涵，他們為什麼受騙上當呢？學習而不思考，是白費力氣，因為很容易忘記。美國做過一個簡單的實驗，一所大學在放暑假之後一個月，緊急召回各系各班第一名的同學，用與上學期期末考相同的題目再考一次，結果沒有人及格。為什麼？因為他們只是強記應付考試，並沒有思考。思考是經過主體的反省，然後有了自己的心得。你讀了一百頁的書，也許只對裡面的十頁仔細思考。想通了，這十頁就是你的，另外九十頁還給作者。

「思而不學則殆」意指，光是思考而不讀書，是有危險的。什麼危險？很容易走偏了。為什麼？一個人只思考而不讀書，他只能反省每天發生的事情，如此很容易受年齡、行業的限制而忽略了自己生命的真正需要。人的生命是不受行業、年齡限制的。所以孔子說：「學而不思則罔，思而不學則殆。」他還說過自己：「吾嘗終日不食，終夜不寢，以思；無益，不如學也。」（《論語・衛靈公》）整天不吃飯，整夜不睡覺，專心思考，無用，不如打開書本學習。孔子強調學思並重，雙軌並行。

孔子學習的第三個特色是：學與德兼備。宋代哲學家說，如果讀了《論語》而毫無改變，等於沒有讀。讀了《論語》後，至少要改變想法。譬知，人應孝順，人應守信。孔子希望弟子的所學能與德行配合，顏淵是孔子學生中最傑出的。魯哀公曾問孔子，學生中誰最好學。哀公問：「弟子孰為好學？」孔子對曰：「有顏回者好學，不遷怒，不貳過。」（《論語・雍也》）孔子的弟子三千，精通六藝者七十二，好學者名單列出來應該有不少，但是他用六個字「不遷怒，不貳過」說明顏淵的表現。意指與人發生衝突而不會把憤怒轉移到不相干的人身上；以及，不再犯相同的錯誤。不遷怒比較容易，認清自己與別人的關係即可；不貳過比較困難，因為要對付自己的毛病。人的性格往往決定他犯什麼過錯，若要不貳過，必須經常改造性格，壓力很大。孔子說過：「人之過也，各於其黨。觀過，斯知仁也。」（《論語・里仁》）黨不是政黨，也不是黨派，黨是性格類別。什麼性格類別的人容易犯什麼過失，所以只需了解一個人的過失，就能建議他人生的方向。我們不應害怕別人發現我們的過失，這樣才知道如何改正。學習與德行完全配合，才能讓自己的生命與時俱進。如果只有學習，增加知識只是為了作秀。孔子說：「古之學者為己，今之學者為人。」（《論語・憲問》）孔子認為古代的學者認真修養自己，讓生命走向圓滿，不是為了升官發財。而我們今日學習是為了教書，為了自己，也是為別人，這是與古代完全不同的社會情況。

孔子年少時家境貧窮，但他立志向學，不斷成長，精通「五經六藝」，學思並重，學習與德行配合。他與弟子們逐漸形成一個偉大的傳統，稱為儒家。

## 儒家傳統的特色

儒家傳統特別重視什麼？有三點外在特色。要判斷一個人是不是儒家，可以從三點來看。第一，是否肯定傳統？第二，是否重視教育？第三，是否關懷社會？肯定傳統，重視教育，關懷社會，這三點正是儒家的具體作為。但這只是外在的描述，不一定代表這樣的人就是儒家，因此還必須就其內在特色，另指出三點來說明。凡是儒家學者，其主張的學說必有以下三點：第一，人人皆可能成為君子。人人都可能，表示儒家對人是一往平等。人只要學習，一定可以明白道理；只要願意，也能夠成為君子。何為君子？古代所謂的君子，就字面而言是君之子，也就是貴族子弟，他們生下來就有官位。到孔子的時代，君子已增加了道德的涵義，也就是人格典型，稱為君子。在《論語》中，這兩種用法都有。這說明古人對政治領袖有很高的期望，既然有官位，更應該像個君子。儒家認為人人都可以成為君子，這是可能性，這種可能性是普遍的，每一個人都有，沒有階級、族群、性別之分。這是儒家的第一點內在特色：人人皆可能成為君子。

第二，人人皆應該成為君子。亦即把「能夠」提升為「應該」。除了人類以外，其他生物沒有「應不應該」的問題。譬如，非洲野生動物園如果規定獅子不應該吃綿羊，等於要求獅子吃素，但吃素就不是獅子了，更何況，獅子不食肉就無法存活。所以，人類之外的生物界並沒有「應該」的問題。你說這棵樹不應該長在這裡。但它要長你又能如何呢？它是自然條件的配合、本能的發展，就這麼長成了。只有人類才有「應該」的問題。「應該」這兩字，牽涉到選擇與判斷。儒家的特色即在於：先肯定人人都可能成為君子，再強調人人都應該成為君子。雖說是「可能」，但並不代表可以任意選擇。我只是「可能」成為君子，但我不想成為君子，又能如何呢？不想成為君子，則是小人。在此特別說明，小人不是壞人，小人原本是指小孩子。小孩子長大成人，但心態仍是小孩子，他還是只看利益，與人競爭，要小聰明，這才叫作小人。小人與君子的差別在於：小人沒有志向，只靠本能生活，與其他生物無差。君子必須有志向，才能成為真正的人。人生很奇妙，生下來時是一個人，但這不夠，若是沒有好好學習、修養自身，逐漸就不像一個人了。換句話說，光靠本能像生物一樣活著，是不夠的。人類身為萬物之靈，天生有豐富的潛能尚待實現，因此人的一生就是要把這些潛能加以實現，亦即成為君子才算是真正的人。所以，人人都應該成為君子。如孔子說「殺身成仁」（《論語．衛靈公》），孟子說「舍生取義」（《孟子．告子上》），荀子說君子「畏患而不避義死」（《荀子．不苟》）君子害怕災難，但不會逃避為義而死。《易傳》、《中庸》也都能找到例證。這說明只要是儒家，為了成為君子，必要時可以犧牲生命。生命極為可貴，卻必須犧牲，因此要有非如此不可的充分理由。何以死亡是一種完成？是一種取得？儒家的思想必須在此清楚說明，否則它只是一套空想及幻想而已。

第三，當一個人成為君子時，他也會促使別人成為君子。這句話聽起來很平常，但稍加思考就會發現它的深刻意涵。一個人努力成為君子時，他自然會帶領別人成為君子，這表示個人與別人不能分開，在人的社會裡，沒有人可以完全離群索居。儒家觀察人的生命，認為沒有一個人可以離開社會，譬如我們生下來，若不是父母長期懷抱裡，用心養育，如何能成長？慢慢長大之後，若無學校老師教導，如何能學習？畢業後進入社會，如果沒有工作，又要如何安身？所以人的生命與社會整體是緊密結合的。因此，當人努力成為君子時，一定會幫助別人也逐漸成為君子。孟子很喜歡以舜作為例子。舜的父親叫瞽叟，瞎眼的老頭子，是個老糊塗。舜的母親過世後，父親娶了後母，生了弟弟，名作象。一家四口，其中三個人居然聯合起來對付舜，這是什麼樣的問題家庭呢？但是舜立志成為君子，對父母孝順，對弟弟友愛，他的心意最終感動了父母與弟弟。

德國學者雅士培（Karl Jaspers, 1883-1969）著有《四大聖哲》，推崇印度的釋迦牟尼、中國的孔子、希臘的蘇格拉底，以及猶太的耶穌。一般人貴遠賤近，可能不覺得孔子有什麼偉大。司馬遷是歷史學家，他在《史記．孔子世家》中寫到孔子，愈寫愈感動，最後忍不住到孔子的墓前徘徊沉思良久。因為他想到，孔子的弟子在他過世後，居然相約在孔子的墓前守喪三年（三年之喪是指二十五個月）。孔子不是有權力的人，也不是有財富的人，但是學生願意把他們對父母的孝道，也轉用到孔子身上；因為他們領悟到，父母給的是身體的生命，老師給的是精神的生命，使他們明白人生的道理。我曾於二〇〇七年八月八日參觀孔廟、孔府與孔林，但真正讓我感動的是孔林的一塊石碑「子貢廬墓處」。子貢在與同學們守喪三年後，又留下來繼續守第二個三年之喪，前後加起來五十個月。

孔子是天生的聖人嗎？他自己說過：「我非生而知之者，好古，敏以求之者也。」（《論語・述而第七》）他不是生下來就有知識的，他是用心勤奮學習之後才成就完美的典型，這個典型所展現出來的境界，不但影響了華人世界，進而影響了全世界。

# 第二講：生活中的修養

談到人生問題時，常會想著，人為什麼要行善避惡？有些人把這個問題歸納為《三字經》所說的「人之初，性本善」。但是人性本善對人類的生活經驗來說，是很難講得通的；並且關於人為什麼要修養，也說不出個道理來，既然人性本善，那還需要修養嗎？我們必須回到孔子的思想中釐清此問題。孔子曾經非常嚴肅地說：「君子有三戒：少之時，血氣未定，戒之在色；及其壯也，血氣方剛，戒之在鬥；及其老也，血氣既衰，戒之在得。」（《論語・季氏》）血氣指的是身體所帶來的本能、欲望及衝動，人有身體，就會有這些問題，在不同的生命階段，要警惕不同方面的問題。孔子作為哲學家，是從經驗觀察出發。哲學家的理論聽起來好像很遙遠、很抽象，但其基礎在於經驗；如果不參照經驗，那麼，別人為什麼要接受他的理論呢？所謂的「戒」是指戒律，要你設法加以克制、修練。孔子對人的了解，除了很實在，還有些樂觀，他沒注意到人在生命的任何一個階段，都可能同時出現這三個毛病。

《孟子》書中提過齊宣王的故事。戰國時代的齊國是強國之一，齊宣王認為孟子不但有學問，還很直爽，也許能提供自己一些人生的指導，因此他向孟子坦白承認：「寡人有疾，寡人好勇；」「寡人有疾，寡人好貨；」「寡人有疾，寡人好色。」（《孟子・梁惠王下》齊宣王是我所尊敬的古代帝王，因為歷代帝王很少有公開向人承認自己過失的，我想他大概讀過《論語》，察覺自己同時具有孔子所說的三個毛病，所以要請教孟子。孟子的回答非常精采，他說：你好色是吧？讓天下人都能夠男有分，女有歸，讓天下人都能得到這基本欲望的滿足。其次，好勇有兩種，一種是走在路上與人不合，就暴力相向，這算什麼勇呢？而如周文王、周武王，一生氣就安定天下，這才是大勇。第三，好貨的話，就讓天下的人都發財吧！《孟子》書中有一句話，非常生動：「為民父母，使民盻盻然。」（《孟子・滕文公上》）有些國君吃喝玩樂非常鋪張，老百姓望著他們的眼神皆帶著憤怒，這樣的政權就危險了。齊宣王承認自己同時有三個毛病，由此可見，孔子說的話有其一定的道理。

## 自我約束：飲食與言語

那麼，孔子在生活中如何修養呢？首先，是飲食方面的考慮。我們求學時讀《論語》，常常嘲笑孔子很難相處，肉切得不方正就不吃，我直到年過五十才能體諒孔子的想法，因為牙齒不好的話，肉沒有割正，夾著筋在其中，咬不爛，怎麼吃呢？孔子連續講了十個不食與不多食。譬如，肉看起來顏色已變，當然不吃；聞起來味道也壞了，當然不吃；季節不對的菜不吃；經過冷藏，他不吃；甚至沒有適當的配料，他也不吃。這是養生的考慮，因為古代醫藥不發達，很容易病從口入。所以他在飲食上很有節制。但他有個很特別的習慣，如果主人準備整桌豐盛的菜，他一定站起來向主人拜謝。也許是主人有別的考慮，要請託他幫忙，先請他們好好吃一頓再說吧。但相對的，他也可以過最窮困的生活。他說：「飯疏食，飲水，曲肱而枕之，樂亦在其中矣。」（《論語・述而第七》）我每次讀到這句話，都不禁想起耶穌說的：「狐狸有牠的洞穴，天上的飛鳥有牠的鳥巢，但是人子（就是耶穌自己）沒有放枕頭的地方。」耶穌在各地傳教時，也是彎起手來做枕頭。孔子的生活非常簡單，和希臘的蘇格拉底一樣。蘇格拉底能飽餐痛飲，也能整日不進食，或只吃些粗糙的食物。他們從來不以吃什麼東西為考慮，吃只是必要條件，活下去有另外更重要的目的，這才是他們的著眼點。

飲食之外，言語很容易帶來問題。「子罕言利與命與仁。」（《論語・子罕第九》）孔子很少與人談「利」。因為見小利則大事不成，一個人要發展大的事業，不要只看小利，所以孔子不談利。其次，他不太談「命」，因為命不能改變。第三，他也不主動談「仁」，因為仁牽扯到個人的特殊狀況。我們學儒家要分辨兩個字：道與仁。「道」是人類共同的正路，既然生而為人，就應該要走上人的正路。「仁」則是每一個人自己要走的正路，所以談仁要因材施教。不同的學生問仁，孔子的回答都不相同。道是普遍的，每一個人都要走上君子之道；但個人如何成為君子的具體作為，就要針對個別的情況來說，這叫作仁。最後的結果都一樣。孔子說：「志於道，據於德，依於仁，游於藝。」（《論語．述而》）道是人類共同的正路，仁是個人要走的正路，道與仁因而可以通用。譬如，你殺身成仁，是為了個人的正路而犧牲；你以身殉道，是為了人類的正路而犧牲。

言是主動去說，語是與人討論。我們常常記得「食不語，寢不言」（《論語．鄉黨》）這六個字。吃飯時不討論，睡覺時不說話。吃飯時討論問題會消化不良。為什麼睡覺的時候會主動說話呢？年輕時有這樣的經驗，一到暑假，幾個同學約了去誰家玩，整夜不睡覺，躺著說話，說到最後，誰在說？誰在聽？也弄不清，這對睡眠不好。

「子不語：怪、力、亂、神。」（《論語．述而》）他不與別人討論，並不代表沒有這些事。第一，怪就是反常的事情。《左傳．僖十六年》記載「六鷁退飛，過宋都，風也。」六隻鳥退著飛過宋國的首都。鳥怎麼會退著飛？因為風速大於飛行的速度，這沒有什麼好奇怪的，風大而已。第二，力代表武力，孔子不太喜歡談武力。古代有王霸之分，周文王、周武王，是以德服人，但是到春秋時代只能有五霸了。齊桓公、宋襄公、晉文公、秦穆公、楚莊王稱為春秋五霸。五霸以力服人，孔子喜歡談德，談力就變成兵法家了。第三，古代「亂」字，指的是造反，社會秩序大亂。他喜歡長遠而安定的社會。最後，孔子不談神，神代表靈異事件。他不談靈異事件，但是他談鬼神許多次。古人對於鬼神特別崇敬，因為人死為鬼，鬼神就是我們的祖先。古代負責守護山（如泰山）與守護河（如黃河）的官員，若是負責盡職，死後就被封為神。人看到山，看到大河與大海，心裡產生崇敬的心。知道自然界的偉大，就會取法乎上，人類生命也由此顯示他的尊嚴，至於天神就更不用說了。所以孔子談鬼神的地方很多，譬如他說「敬鬼神而遠之」（《論語・雍也》），並不是否認鬼神，而是尊敬鬼神，但要保持適當的距離。

「子絕四：毋意、毋必、毋固、毋我。」（《論語・子罕》）孔子設法棄絕四種毛病。第一，他不隨便猜測。第二，他不堅持己見。第三，他不頑固拘泥。第四，他不自我膨脹。把四樣毛病統統除掉是很不容易的，因為人與別人來往時，總希望受到重視，說的話有分量，說的話能算數，顯示自己各方面都超越別人。這是很普遍也很本能的想法。

孔子還說過：「德之不修，學之不講，聞義不能徙，不善不能改，是吾憂也。」（《論語・述而》）他說，德行沒有修養好，學問沒有研究好，聽到該做的事沒有去做，有不對的地方沒有改過，這些是我的憂慮啊。孔子整天反省自己德行不夠好，學問不夠好，每天這樣思索著就會進步。他讓我們佩服，是因為他每天都求上進。他說自己：「三十而立，四十而不惑，五十而知天命。」（《論語・為政》）每十年就有新的境界，我們如果一路走來，始終如一，數十年如一日，那實在是浪費生命啊！

## 謹慎與憂慮

孔子這麼做，我們不禁要問：這麼做的效果如何？我們可以找到充分的證據，證明孔子可以自得其樂。如果一個人經過長期的修養，而結果是痛苦的，這代表修養夠，因為人總希望活得快樂。只不過某些快樂與本能有關，所以前面提「君子有三戒」，聽從本能會製造困擾，最後求樂反苦。我們前面也提到孔子生活非常窮困，但是他依然快樂。孔子公開稱讚顏淵數次，有一次他說：「賢哉回也！一簞食，一瓢飲，在陋巷，人不堪其憂，回也不改其樂。賢哉回也！」（《論語・雍也》）中間九個字描寫顏淵的窮困，但重點在後面的「不改其樂」。他不以生活的貧困為苦，因為他另有所樂之事。莊子喜歡寫寓言，故事裡面有真有假，但都很有涵義。有一段談到孔子勸顏淵出仕以造福百姓，顏淵拒絕了。他說：我家裡分到一點田，每天能有一點稀飯喝；有一小塊地，種種桑樹養養蠶，可以有衣服穿，這樣就足矣，我以老師的道為樂就夠了。讓顏淵快樂的究竟是什麼樣的道？就是人生的正道，人生的正道是抽象的，每個人都可以說，我這兒也是正道，世界上哪一個宗教會認為自己不是正道？孔子的道是一種人生哲學，聚焦在人的生與死之間，要從人的經驗出發，找到人生的意義。這一點很有特色。

舉個例子來說，我很真誠時，會察覺一股由內而發的力量，要求我採取適當的方式來對待我與別人的關係。真誠與否，是關鍵所在，所以儒家的思想，可以用「真誠」二字來界定。人是所有動物中，唯一可能不真誠的。人的真誠是其他動物很難想像的，我們何時見過一隻貓學狗叫？怎麼學也學不像，牠也不會這麼做。只有人能夠一輩子都在扮演他的角色。每個人都有不同的角色，儒家也了解這種困難。人扮演某種角色久了後，就會忘記自己是一個完整的生命。比如，有些人上班久了之後，以為自己就是工具，星期一到星期五就只是在重複工作，把工作完成了，每個月領薪水過日子，到最後，以為自己就是專門上班的工具。我有一個朋友，當公務員三十幾年，退休後第一個月到處旅行，很快樂；第二個月就開始煩惱了，因為無班可上。最後，他對太太說：「這樣好了，從今天開始，妳買菜前寫一份菜單，我批可了，再去買吧！」他忘記自己是一個完整的生命，不但有工作，也要有休閒；有身，有心，還有靈；有今生，還可能有來世。因此，顏淵為什麼快樂？顏淵說：老師的道讓我快樂。孔子的道是要讓人做一個完整的人，完整的人就是要成為君子，也應該成為君子。

## 自得其樂：真誠與禮樂

這一切都要從「真誠」開始，真誠是需要長期練習的。我在研究《易經》時，發現〈易傳〉裡有兩句話可以用來說明真誠。第一句是「閑邪存其誠」（《易經・乾卦九二・文言》），防範邪惡以保存內心的真誠。換句話說，真誠與邪惡勢不兩立。只要明白一件事是不對的，真誠的人一定與它勢不兩立。真誠時，做我自己，就會與邪惡勢不兩立，這也預設了「人性向善」。如果沒有「人性向善」的觀念，只說真誠和邪惡勢不兩立，怎麼說得通呢？所以儒家思想很多地方都是一個點及一條線，提供了線索，但你要能將它們貫穿起來。第二句是「修辭立其誠」（《易經‧乾卦九三‧文言》），說話時修飾言詞，才能建立自己的真誠。言為心聲，很多時候我們言不由衷，是因為有外在的考慮，說一些客套門面話，或讓自己覺得慚愧的話。因此，要說適當的話，表達內心的情感。

真誠需要修練，一方面與邪惡對立，一方面要透過適當的言詞表達，也因為這樣，孔子特別重視言語。孔子將教學分為四大科：第一科德行，德行一定要好。第二科是言語，弟子要懂得說話，清楚表達自己的思想和觀念。第三科為政事，即今日所謂的政務與事務。第四科為文學，代表文獻知識。每一科中，都列名了幾個學生，德行科有四位，其他每一科都是兩位（《論語‧先進》）。孔子曾對其子孔鯉說：「不學《詩》，無以言。」（《論語‧季氏》）有兩個理由，第一，《詩經》的內容都是作者真誠情感的表現，所以能幫助我們表達自己的真誠。第二，《詩經》中有許多內容能作為外交語言，外交語言較不直接而內斂，只需引用一句《詩經》，大家就了解彼此的意思，但前提是大家都讀過《詩經》。《湖濱散記》是美國文學的重要代表，作者梭羅（H. D. Thoreau, 1817-1862）曾經獨自在湖邊住了兩年兩個月，體驗離開人群的簡單生活。兩年多後，他找了個理由，測試自己還能不能回到社會。讀哲學的人最喜歡找理由，梭羅是哈佛大學哲學系畢業的。我們在此提到他，是因為他獨居時，身邊就擺了幾本希臘時代的作品：《伊利亞德》、《奧德賽》，但他卻感嘆讀了這些書反而找不到人談話。英國學者承認，閱讀莎士比亞的作品也有同樣的後遺症。孔子當時的讀書人都讀《詩經》，說話較為文雅；並且透過《詩經》傳達彼此心意，若是要拒絕對方，話也說得婉轉。這說明孔子在教學的時候，在言語科特別用心。

孔子之道讓顏淵覺得快樂，也讓每個人覺得快樂，就是因為從「真誠」出發。真誠不是天真，如果真誠等於天真的話，何必讀書呢？小孩子最天真了。真誠要與邪惡對抗，在知道世間所有的事情之後，還繼續保持真誠的心。孟子說：「大人者，不失其赤子之心者也。」（《孟子・離婁下》）小孩子的皮膚白裡透紅，稱作赤子；大人是德行圓滿之人，他的心可以和小孩子一樣真誠，但是他的學問絕不像小孩子一般無知或天真，修養的成果就在於此。我們如何能夠一面進入社會，努力學習所有該學的東西，包括知識，包括應對技巧，但是另一方面還能保持純真的童心？這就要靠修養了。孔子經常談到修養，譬如，他勸顏淵的四句話，就很值得參考：非禮勿視，非禮勿聽，非禮勿言，非禮勿動。後來有人在祠堂裡擺了四隻小猴子，象徵這四句話：一隻蒙著眼，一隻蒙著耳，一隻蒙著口，一隻雙手合抱。人在世間確實有很多誘惑，因為我們耳目向外，喜歡看、喜歡聽。心思要收斂耳目的誘惑，回到內心去思考，才能把握住自己。其實要怪耳朵，怪眼睛是不公平的，因為心定不住，你才會喜歡看、喜歡聽，所以要設法加以規範。基本上從法律規範開始，往上是禮儀規範，再往上是主動修德行善。

孔子的修養達到什麼境界呢？七十幾歲的時候「從心所欲不踰矩」（《論語・為政》）。這段話要分兩個層面來看，「從心所欲」是每個人都喜歡的，我想怎樣就怎樣，但是困難在於後面三個字：「不踰矩」指的是沒有違背規矩，矩包括法律、禮儀與各種規範。孔子這段話該怎麼理解？這就牽涉到解讀。孔子說他「七十而從心所欲不踰矩」，代表他六十九歲以前從心所欲就有可能踰矩。這是合乎邏輯的推論，代表孔子一直很努力地在修養，到七十歲才能達到這個要求。我們反省自己就會發現，從心所欲就必然踰矩，這證明我們修養很差。從心所欲代表自然而然去做，不踰矩代表都能符合應該的要求。亦即他自然去做的都是他應該做的，而應該做的事他都做得很自然。我們呢？自然去做的事都是不應該做的，應該做的事都做得不自然，所以活得很辛苦。孔子到七十歲的時候，自然的就是應該的，應該的就是自然的，這是人生的最高境界。他怎麼做都能恰到好處，怎麼說都符合規矩。這不是偶然的，不是到了七十歲生日，一覺醒來就成功了，這是一生慢慢修養成的。

孔子年輕時，因為生活窮困，必須做很多事養家餬口。根據孟子的記載，他年輕時曾做過「委吏」（管理倉廩）與「乘田」（管放牧牛羊）。當時有三家大夫瓜分魯國的權力，孟氏、叔氏、季氏占了三份，魯君只剩下最後一份。在此情況下，季氏的權力最大。孔子年輕時在季氏手下當委吏，管倉庫，一年下來績效卓著，人只要專心負責，每天上班的時候認真工作，任何事情都能做好，孔子就是個例子。孔子管倉庫管得很好，季氏就讓他管理牧場，一年下來牛羊長得特別肥壯，繁殖率增加數倍，這也是因為他盡忠職守。孔子在二十多歲時，做了許多基層公務員的工作，幾年後，發現還是需要專心研究學問。不過，他還有另外一個賺錢的本事，就是替別人辦喪事。

我剛開始研究中國哲學時，有許多因素使我產生研究孔子的興趣，其中之一就是看到馮友蘭教授的《中國哲學史》。現在在美國，學中國哲學的人都要讀他的英文翻譯本。我是看中文本原文，覺得有些地方寫得不太對。他將孔子和蘇格拉底相較，他的比較很有趣，他說孔子、孟子、荀子有三位；蘇格拉底、柏拉圖、亞里斯多德，也有三位，但是這兩邊如何比較呢？孟子比孔子晚了一百七十多年，荀子又比孟子晚了近五十年。可是荀子多次點名批判孟子，他也不是孟子的學生。西方的情況呢？柏拉圖二十歲時遇見蘇格拉底，跟在他身旁學習了八年，直到蘇格拉底被判死刑。柏拉圖流亡海外，四十歲回到雅典建立學院，他最好的學生是亞里斯多德，讀了二十年仍不肯畢業。亞里斯多德本來想要接任學院院長，後來由柏拉圖的姪子接任，其中大概有一些財產的因素，最後他才離開雅典。所以，蘇格拉底、柏拉圖、亞里斯多德他們三個人是非常緊密的師生關係。中西雙方比較之後，只有一點特色，就是各有三個人。

我們回到馮先生的書上，他說孔子比不上蘇格拉底，因為蘇格拉底公開反對收學費，他還痛罵辯士學派收很高的學費，但是孔子收了束脩。每一個束脩就是十束肉乾。不過馮先生同情孔子，加了一句話：我們也不能怪孔子，因為生活總是要維持的。我讀了覺得有點奇怪，孔子真的需要收束脩嗎？後來我寫了一篇論文，說明束脩並非指肉乾，而是指十五歲以上的男孩子。東漢的學者鄭玄寫過「束脩謂男子十五以上」。起初，十五歲的貴族子弟進大學，真的要送上束脩（十束肉乾）代表簡單的禮，後來將束脩禮引申代表十五歲。古時候，女子十五歲要行「及笄之禮」，把頭髮束起來。男子二十歲叫「加冠」，年過二十即可成家，這是古時候習慣性的說法。那時沒有月曆能夠精細的區分歲數。年齡不重要，重要的是人生階段，過了那個階段，生命就到不同境界，可以成家，可以立業，可以有其他的發展。

所以孔子不收束脩，他的職業是為人助喪，以此作為他主要的收入來源。

這是一個高尚的行業。古代，貴族的喪禮有五十幾道手續，一定要請專家協助，孔子就是這樣的專家。他主持喪禮，井井有條，各種細節都辦得很好。令人感動的是學生記載的：「子食於有喪者之側，未嘗飽也。」（《論語・述而》）他們說：「老師在家有喪事的人身旁吃飯時，從來不曾吃飽過。」這真是不簡單，因為如果經常辦喪事，久而久之，變成職業性的習慣，就不太有感情了。如果每天辦喪事都很傷心的話，職業的壓力太大，但是孔子不一樣，他的情感每天重新開始。弟子為什麼知道孔子沒有吃飽呢？孔子身高體壯，平常與弟子用餐，每頓要吃好幾碗飯；但替人辦喪事時，吃半碗飯就不吃了，所以學生說他「未嘗飽也」。更重要的證據是，孔子說過：「出則事公卿，入則事父兄，喪事不敢不勉，不為酒困，何有於我哉？」（《論語・子罕》）在外服事有公卿身分的人，回家事奉長輩親人，為人承辦喪事不敢不盡力而為，不因喝酒而造成任何困擾，這些事我都做到了，還有什麼好讓我擔心的呢？「喪事不敢不勉」這句話就是證據。平均每個月都有兩三次這樣的機會，在古代的條件下，這個待遇是不錯的。

再舉最後一個旁證，孔子死後，他的弟子們也有些人以助喪為業，所以後來墨家嘲笑儒家說：「這些儒家的學生們真不像話，聽到有錢人死了就很高興，說吃飯的機會來了。」（《墨子・非儒》）由此可以證明，儒家確實有這個專長，能替別人辦喪事。孔子以此為業，是一個非常高尚，並且表現非常特別的人。還有一句話：「子於是日哭，則不歌。」（《論語・述而》）孔子這天若是哭過，就不再唱歌了。我們要問，孔子為什麼常常哭呢？因為他有真誠的情感，所以他辦完喪事，今天哭了，就不再唱歌，明天太陽升起時，生命再重新出發。但是同一天之內的感情，不能又哭又笑，情緒不穩定，精神很容易出狀況。我們可從這些例子中，看到孔子的確能做到：「喜怒哀樂之未發，謂之中；發而皆中節，謂之和。」（《中庸第一章》）他就是一位典型的文質彬彬的君子。

我們談到孔子生活中的修養，把有關孔子的材料整合起來加以說明，並強調每個人都有這樣的責任。要面對自己，從君子三戒開始，再透過對飲食，對言語，對每日的憂慮，一路修養下來。最後希望也能達到孔子說的「自得其樂」。也就是透過一系列修養，最終抵達快樂的層次，這與沒有修養之前的快樂完全不同。人若沒有修養，快樂只是本能的滿足；有了修養之後，快樂則是心靈的安頓，坦坦蕩蕩。

# 第三講：志業的傳承

孔子作為老師，他的志業要讓學生代代相傳，形成一個有力的團體，在社會上起一種正面的作用。這當然是個重要的課題。

孔子原是第一流的學生，他當了老師之後，也用最好的方法來教導弟子，我們稱為「因材施教」。釋迦牟尼與耶穌也都是這樣的老師，因為對待學生要按照每一個人特定的性格與實際的情況來引導他，直到他能夠主動反省，掌握自己生命的發展路線。孔子因材施教的例子很多，並且很有參考價值。

譬如，孔子的學生子路，個性非常豪爽，也非常勇敢，他只比孔子小九歲。強調小九歲，是因為孔子很多學生比他小了四十幾歲。古代的紀錄資料顯示，子路年輕時，看起來像一個不良少年。他頭上插著公雞毛，身上披著野豬皮，帶把劍在街上晃。有人找他決鬥，他絕不迴避。孔子問他：「你為什麼不來跟我學習呢？」子路說：「何必學習，南山有竹，品質非常好，砍下來當箭可以射穿犀牛皮。」代表子路認為自己是天生的英才，不需要學習。孔子立刻回答：「如果你把南山的竹子削尖了，裝上箭頭，後面插上羽毛的話，不是射得更深嗎？」這就是因材施教。子路聽懂了，立刻拜師。

## 有教無類與因材施教

子路拜師對孔子來說也有壓力，因為子路喜歡研究軍事、政治，對於藝術不太有興趣，也不太有才華。這件事記錄在《論語・先進》中，子曰：「由之瑟，奚為於丘之門？」門人不敬子路。子曰：「由也升堂矣，未入於室也。」這段話是指子路彈瑟，孔子聽了很難過地說：你這種水平怎麼到我門下來呢？

結果其他弟子們對子路就不尊敬了。孔子覺得同學之間還是要有倫理，學弟要尊敬學長。於是說子路已經登堂而未入於室。一個人的家中，內室才是最奧妙的地方。廳堂只是客廳，外面還有庭院，子路至少已經進入客廳，但還沒有到最深奧的地步，這就是「登堂入室」的典故。雖然子路帶給孔子一些煩惱，但也有好處，就是自從子路成為孔子的學生以後，沒有人敢公開批評孔子了。有一個這麼勇猛的學生也不錯。

孔子有一學生曾點，曾點有一個兒子曾參。曾參十六歲時，父親就要他去上課，這證明孔子說的：「自行束修以上，吾未嘗無誨焉。」（《論語・述而》）從十五歲以上的人，我是沒有不教的。曾參很老實，聽孔子說要孝順，他就聽父母的話，爸爸打他，他從來不跑。事情傳到孔子耳中，他把曾參叫來，叮嚀他：父親是大人，出手過重把你打傷，甚至打死了，別人一定會責怪你父親。那就是你不孝順，你要看他拿的棍子是粗還是細，拿粗的棍子你快跑；拿細的棍子你就讓他打。這叫「大杖則逃，小杖則受」。孔子曾說：「不得中行而與之，必也狂狷乎！狂者進取，狷者有所不為也。」（《論語・子路》）若找不到行為適中的人交往，則找志向高遠或潔身自好的人。志向高遠的人奮發上進，潔身自好的人有所不為。曾點屬於狂者，理想很高但做起事來有些落差。曾參雖然孝順，但曾點脾氣不好，所以曾參經常挨揍。有一次，他在田裡除草，不小心把一個瓜的藤給弄斷了，瓜還沒長熟，曾點就把他打得昏過去。以現代的標準來看，這算是家庭暴力。

孔子以「五經六藝」教導學生，他溫故而知新，創立了儒家學說，他真正的期望是學生可以了解他的思想。別的老師也能教「五經六藝」，但孔子的創見是什麼？這在研究上是很大的挑戰。我提出長期研究的心得，希望讓各位作為參考。

孔子的弟子子貢是言語科的高材生，口才很好。口才好的人常有一個缺點，喜歡批評，「臧否」誰好誰壞？他曾批評孔子不過是廣泛學習並記得各種知識罷了。孔子知道後，就在上課時問他：「賜也，女以予為多學而識之者與？」（《論語．衛靈公》）子貢承認：「是啊，難道不是嗎？」孔子說：「非也，予一以貫之。」這兩個字「非也」是很嚴厲的口吻，公開否定子貢所說的。作為哲學家，一定要有中心思想，沒有中心思想，混亂不成章法，講不出一個道理出來。對於天人之際，對於生死問題都不能掌握。

《禮記》記載：「善待問者，如撞鐘，叩之以小者則小鳴，叩之以大者則大鳴，待其從容，然後盡其聲。」要問老師問題嗎？用力敲，鐘就響得大聲；輕輕敲，就響一點點聲音；你不敲，孔子不會說。可惜，子貢看到老師這麼嚴厲地說「非也」就跑掉了。因此孔子感到鬱悶，怎麼才能讓弟子了解自己的一貫之道呢？他在找合適的機會。

孔子也有教學失敗的例子。如曾參，理由何在呢？第一，曾參比孔子小四十六歲，太年輕了，不容易理解孔子的一貫之道。子貢比孔子小三十一歲，比曾參大了十五歲，並且特別聰明，是言語科第二名。但是連他都被孔子否定了，何況是曾參呢？第二，曾參反應比較遲鈍，孔子評論過幾個學生：「柴也愚，參也魯，師也辟，由也喭。」（《論語・先進》）柴是高柴，高柴愚笨；參是曾參，曾參魯鈍；由是子路，子路粗野，不喜歡讀書，直來直往；師是子張，過於孤僻高傲。可見孔子對學生很了解，才能因材施教。曾參比較魯鈍，但是魯鈍的弟子往往表現不錯，因為老實而專心向學，後來傳承儒家思想的《大學》、《孝經》，都是曾參之功。相反的，聰明的學生很早就自立門戶，把老師的思想放在一邊。

曾參小孔子四十六歲，又特別魯鈍，怎麼可能了解孔子的一貫之道呢？回到上課的現場，大家一起上課了。孔子說：「參乎，吾道一以貫之。」（《論語・里仁》）他這樣講的用意，是點名要曾參來回答。曾參的回答應該是「何謂也？」這三個字，結果曾參卻回答「唯」。孔子聽到曾參如此肯定的語氣，反應非常激烈，立即離開教室了。他心想，我的一貫之道如此深刻，連你這個學生都懂了，我還說什麼呢？所以老師立刻離開教室。接著，悲劇發生了！大家都記得子貢被老師批評的事，就圍過來問曾參說：「何謂也？」這三個字應該是學生請教老師的，結果大家居然圍過來問曾參，曾參只好說，各位學長不要緊張，「夫子之道，忠恕而已矣。」

這句話本來也可以成立，但是後面三個字「而已矣」出現問題了，難怪孔子要說沒有人了解我。《論語・憲問》記載孔子和子貢的對話：子曰：「莫我知也夫！」子貢曰：「何為其莫知子也？」子曰：「不怨天，不尤人，下學而上達，知我者其天乎！」孔子說的一以貫之，經曾參一說卻成了沒什麼了不起，只是「忠」與「恕」，從字面看也知道有問題。「忠、恕」不是兩個字嗎？後代兩千多年來，大家拚命解釋也沒有用，還是兩個字。盡己之謂忠，推己之謂恕。你再怎麼盡己，再怎麼推己及人，都是人我之間的關係，曾參一輩子都在思考人我之間的問題。孔子除了人我之間，還想到生死之間與天人之際，他能夠清楚說出人的生與死的問題，天與人的關係。

曾參所關心的是人我之間，所以他經常思索：「吾日三省吾身：為人謀而不忠乎？與朋友交而不信乎？傳不習乎？」（《論語・學而》）曾子說：「我每天好幾次這樣省察自己：為別人辦事，沒有盡心盡力嗎？與朋友來往，沒有信守承諾嗎？傳授學生道理，沒有印證練習嗎？」這些都屬於人我之間的關係，因為他所領悟的就是這個層次。但《中庸》第十三章說：「忠恕違道不遠」，違是睽違的違，亦即忠恕離開道不遠，可見它並不等於道。

曾參是一個用功的學生，年老時終於覺悟了。他說：「士不可以不弘毅，任重而道遠。」（《論語・泰伯》）意即：讀書人不能沒有恢弘的精神與剛毅的態度，因為他任重道遠啊。他接著說：「仁以為己任，不亦重乎？死而後已，不亦遠乎？」把行仁當作自己的任務，到死為止，所以行仁才是人生的光明大道。這才是標準答案，細讀《論語》，「仁」才是孔子的一貫之道。這個字出現了一百零四次，每一次的脈絡都不一樣，孔子回答學生的問話，也是每一次的答案都不一樣。所以把「仁」當作人生的重要途徑，才足以代表孔子的一貫之道。

## 知識份子：用世與行道

仁有三個層次。第一，人之性；第二，人之道；第三，人之成。人之性是由真誠引發力量，由內而發，要求自己行善，這稱為人之性向善。人之道在論語中出現最多次，每一個學生請教老師什麼是仁？就是在問：我這一生該怎麼走上正路？人之成，就是殺身成仁。這樣一來，就把仁分為三個層次：人之性，由真誠而向善；人之道，擇善固執；人之成，止於至善。儒家的核心思想，孔子的一貫之道就此展現。他用一個「仁」字把人的生命整合起來。一個人活在世界上要真誠，真誠就會發現力量由內而發，讓自己主動去做該做的事。

人們行善大多是被動的。儒家的關鍵在於真誠，真誠使人主動行善或守法重禮。我有一個朋友半夜開車，一點多了還在路上奔馳。前面紅燈亮了，他想半夜怎麼會有人呢？就直接開過去了，後面警車追了過來，原來警車藏在樹後面他沒看到。警察把他攔下來，問他說：你剛剛沒有看到紅燈嗎？他說：看到了。你不知道紅燈要停車嗎？他說：知道啊。那你為什麼沒有停呢？他說：因為沒看到你啊。這叫被動，這種被動的情況舉世皆然。

美國一篇報導做了一個民意調查，結果真令人擔心。他們問路人：如果你可以隱形的話，想做什麼事？接受訪問的美國民眾，居然高達百分之八十都說要搶銀行。這說明滿街都可能是強盜，太可怕了！其實人本來就是被動的，父母教我們、老師教我們，有約束我就照辦，但是人生成長的關鍵，就是要「化被動為主動」。你不能主動的話，一輩子都要等別人叫你這樣做、那樣做，人生還有什麼希望呢？

但是，我們也不要責怪現代人，不要說現代人誘惑比較多，因為古人也一樣。在柏拉圖的《理想國》中有一個故事。古代有一枚神奇的戒指，戴上人的手指之後，這個人就隱形了，電影「魔戒」即得自這個故事的啟發。一個牧羊人發現這個祕密，得到這枚戒指後，結果受不了誘惑，就把國王殺了，取而代之。這說明古今中外都有這樣的問題，人生最難的就是自律。所以儒家教學生要真誠，引發內在的力量，化被動為主動。

孔子的弟子中，最傑出的是顏淵。顏淵問仁，子曰：「克己復禮為仁。」（《論語．顏淵》）這段對話的意義，自古以來爭論不休。我們先說明一點，顏淵比孔子小三十歲，不僅好學，德行也是最好的。《論語．述而》記錄一段孔子對顏淵說的話：「用之則行，舍之則藏，唯我與爾有是夫。」有人任用就發揮才能，沒人任用就安靜修行，只有我與你（顏淵）可以做到吧！這等於是把顏淵抬高到與老師相同的層次了。所以，當顏淵請教什麼是仁，這是非常重要的問題，最好的弟子問了孔子最關鍵的問題，而孔子的回答一定是他生平所學的精華。但是大家都誤解孔子的意思了。歷代的解讀是：克制自己的欲望，以實踐禮的規範。言下之意是說：顏淵有不少問題，要先克制他的欲望。這個解釋完全不通，因為顏淵是孔子學生中最沒有欲望的，孔子因材施教，他不會對顏淵做這樣的要求。

不只我認為顏淵沒有欲望，莊子早就說得很清楚。莊子在〈人間世〉寫過一段話，提到顏淵很想去幫助衛國。孔子阻止他，說他還需要修養。顏淵認為修養已夠，孔子說：你還需要守齋。顏淵很難過地向老師說：我家裡很窮，已經三個月沒有吃肉沒有喝酒了，你還要我守齋嗎？孔子說，是守心齋。這當然是莊子的想像之詞，但足以反映顏淵的貧困生活。

克己復禮的「克」字在古代有兩種解釋，一是「克制」，二是「能夠」。像《尚書・堯典》的「克明俊德，以親九族」，能夠展現高尚的德行，以照顧九族，即家人親屬都可以照顧到了，所以在此「克」是「能夠」。這段話我的白話翻譯是：顏淵請教什麼是人生正途（仁就是人生正途）？孔子說，能夠自己作主去實踐禮的規範，就是人生的正途。孔子後面還繼續說：只要有一段時間，能夠自己作主實踐禮的規範，天下人都會肯定你是走在人生正途上。走在人生的正途上要靠自己，難道要靠別人嗎？最後那一句就是關鍵，「為仁由己，而由人乎哉？」行仁要靠自己。前面的「克己」，指的是自己能夠作主做什麼事。如果把它說成「克制自己的欲望」，後面的「由己」講成由自己來做，這不是矛盾嗎？一個自己分成兩半，一個是不好的自己，要克制；一個是好的自己，要由己。一句話裡面的「己」分為兩個相反的意思？我還沒見過。

我們相信孔子很謹慎地回答顏淵問仁，也肯定這答案是他一生學問的精華，將人生從被動變成主動。從小時候聽別人的話去做，到現在是我自己要做，為什麼？因為我真誠，只有真誠才能讓力量由內而發，是我自己願意做的。我的學生很年輕，我會用這樣的經驗與他們分享。譬如，幾個學生舒服地坐在公車上，下一站，上來一位老太太。這時候學生的反應很有趣，有的閉上眼睛假裝睡覺，有的打開書本假裝念書，有的把臉轉向窗外假裝欣賞風景，大家都不願意面對老太太站著的這個事實。因為人有惰性，不願意真誠面對自己。此時車子忽然煞車，老太太摔一跤，這時候大家都站起來了。為什麼？這時候才發現：寧可忍受汽車的顛簸，也不能忍受良心的煎熬。這種經驗我在當學生的時候也發生過，所以就變得比較聰明了，老太太一上來就立刻讓座。晚讓不如早讓，晚讓的話，別人會說你終於良心發現了；早讓的話，別人會說這個人很主動。這說明關鍵在真不真誠。不真誠的話，只是一個乘客；真誠的話，就是一個人。是人就要想：老太太比我更需要座位，把座位讓給她是應該的。但這無法保證等我將來老的時候，別人也會讓位給我。儒家不在乎這種後面的效果，而在於做我該做的，當下心安、當下快樂。這個時候發現站著比坐著還快樂，因為你把座位讓給需要的人，這就是儒家的思想，由真誠引發力量，由內而發，做我自己生命的主人。這就是人之性，因真誠而向善。其次，人之道要擇善固執。若要能擇善固執，必須先了解什麼是善。這時要考慮三點，第一，內心感受要真誠；第二，對方期許要溝通；第三，社會規範要遵守。

首先，我與別人來往一定要真誠。真誠不是天真，而是經由合理的思維，要與邪惡隔絕，也適當表達我的言詞。我的內心感受要真誠，對一個人有幾分感情說幾分話。我們常說，見面三分情，加上日久生情。交淺言深不適合，但是交往了好幾年還是諱莫如深，這也不好。隱瞞就代表隔閡，與人相交貴在真心，有幾分感情就表現幾分，這樣說話才能適當。第二，對方的期許要溝通，譬如你希望我做的，我做不到，就坦白說明自己能力有限；我做得到的，就表達我的意願，雙方要理性的溝通。第三，社會規範要遵守，任何社會都有既成的規範，大家一起來遵守，社會才能安定。這三點如果彼此之間有落差，甚至出現衝突，又該如何呢？要以第一點的真誠為主。

譬如，古今社會規範不同。以前對男女的界限，叔嫂不通問，連問候都不行。讀《孟子》就知道當時有「男女授受不親」之說。有人問孟子：如果嫂嫂掉到水裡，快淹死了，我能不能伸手救她？因為儒家講究禮，所以故意問孟子這個問題。但這怎麼可能難倒孟子呢？真正的哲學家就怕你不問，你只要問，他肯定有一套圓滿的思想，他的學說也是一以貫之的。孟子說：嫂嫂落水，不去救她是豺狼虎豹，太殘忍了；去救則是通權達變。這說明了，不能只執著於社會規範。人與人之間各有特定的關係，我有深刻的情感，你有特殊的期許，我們盡量不違背法律，但遇緊急狀況時，就不能管這些了。現代社會也一樣，看到身邊一位漂亮的女士，你沒事去拉她一下，那是性騷擾。但若後面有車過來快撞到她了，你說我可不能性騷擾，於是眼看著她被撞死，那就太殘忍了，法理不外人情。

我們介紹孔子的思想，說明人性向善要配合真誠，擇善固執要考慮三點，而最終仍須以真誠為主。因為只有真誠是一個人可以完全負責的。我不能要求其他人的期許太高或太低，我只能要求自己問心無愧。最後還要努力達到止於至善的境界。我用了三個詞，向善、擇善、至善，以之連結人之性、人之道、人之成，合而觀之就是一個「仁」字。孔子說「吾道一以貫之」，就是用「仁」把他的全部學說貫穿起來，從人生下來到生命的結束，都有一個相通的道理，都有一條光明坦途可以走。

## 儒家的人生理想

學習儒家能讓人明白應該怎麼過這一生，人的內心自然就容易快樂，至於外在的成就，則要看機緣。我們常說孟子最了解孔子，一般人聽到顏淵會覺得他很窮、很可憐，還不幸短命死了，比孔子早過世，非常可惜。但是孟子卻說：「禹、稷、顏回同道。禹思天下有溺者，由己溺之也；稷思天下有飢者，由己飢之也。是以如是其急也。禹、稷、顏子，易地則皆然。」（《孟子・離婁下》）這句話是對顏淵最高的評價。顏淵一生沒有做官，沒有成就任何事業，只是努力修養德行。很多人認為不要太在乎德行，萬一短命又如何？也有人認為，德行好，身體不好又有什麼用呢？沒有正式的功業啊。但孟子說什麼？大禹治水，后稷教百姓稼穡，都是古代的聖人。但是，大禹、后稷如果與顏淵交換處境，成就也是一樣的。這一句話不但充分了解顏淵，也肯定他的德行成就。人活在世間，無法要求一定要成就什麼事業，因為成就絕不能用外在的名利權位來衡量，人的真正成就在內不在外。儒家、道家在這方面是一致的。儒家強調完美的人格，道家強調完美的智慧，他們分別發展，各有所重。

知識份子為什麼具有使命感？《論語・憲問》記載：子路宿於石門。晨門曰：「奚自？」子路曰：「自孔氏。」曰：「是知其不可而為之者與？」守城門的人見多識廣，他聽到子路從孔氏來，就說孔子是「知其不可而為之者也。」我去曲阜參觀孔林、孔廟，有人問孔廟為何有「生民未有」四個字的橫匾？它來自於《孟子・公孫丑上》，孟子把孔子的學生推崇他的話，整合起來，結論是「自有生民以來，未有孔子也。」指的是從有人類以來，沒有孔子這樣的人。當然，古人是不知道希臘、印度這些這方，只是就他們所認識的人來說。一個守城門的人說他是「知其不可而為之者也」，這話就有客觀性了。

明明知道理想不能實現還是要做，那是為什麼呢？舉例來說，國家就好像一輛遊覽車，天子就是司機，他開車帶著全體百姓去一個風景很好的地方享福，就如同摩西帶領猶太人出埃及，去一個流出牛奶與蜜的地方。結果開車開到一半，天子心臟病發倒了下來。這時車上誰有使命，誰有責任去開車呢？有錢人嗎？有權力的人嗎？凶悍的人嗎？答案很簡單，懂得怎麼開車的人。這就是知識份子的使命感。知識份子並非狂妄自大，而是學會五經六藝之後，知道如何治理國家，如何照顧百姓。

古代也有這樣的例子，如商湯、周武王，遇到國家有難，必定先反省自己。所以，知識份子的使命感是怎麼來的？因為他懂得如何讓國家走上正路。西方也是如此，柏拉圖強調，一個城邦最好是由哲學家來擔任君王，萬一做不到這點，就只好讓君王學習哲學。哲學家的原則很清楚，他愛好智慧，不會只考慮實際的效益、財富或享受，他希望把百姓帶進一個理想的城邦。

自有人類以來，知識份子總是少數的一群人，一輩子都希望追求真理，希望對平凡人的現實生活有所貢獻，讓社會能夠向上提升，人間愈來愈美好。其實很多偉大的聖賢，自身沒有什麼享受。釋迦牟尼本是迦毗羅衛國的王子，出生不久，他父親就找人算命，知道他將來會出家。父親當然不希望如此，十六歲就為他娶妻。他在二十九歲時首度出城，看到老人、病人、死人，因而明白眾生皆苦，下定決心要替人類解決苦難，於是出家修行，最後創立了佛教。

蘇格拉底晚年被別人誣告，因為他言詞犀利，揭穿許多名人的面具，逼得大家去追求真理。那些偽善的人遭他揭穿，於是聯合起來告他，讓他被判死刑。他本來可以逃獄，連獄卒都想幫他。但他拒絕了，因為他認為按照法律程序，判我有罪我就接受，逃獄反而違背了法律。蘇格拉底最後喝毒酒死了。耶穌呢？從一般人的角度來看更慘，才三十三歲，就被釘十字架而死。

子貢在孔子周遊列國期間，聽到有人說孔子是喪家狗。孔子很幽默地說自己是有些像啊！事實上他的生命充實圓滿。子貢很了解孔子，宣稱「夫子之牆數仞，不得其門而入，不見宗廟之美，百官之富。」（《論語‧子張》）我們老師家的圍牆很高，若是找不到門進去，就不知道裡面有什麼，找到門進去的話，其中富麗堂皇，難以想像。孔子出身於平凡家庭，經過一生的修練而領悟一貫之道，使生命趨於圓滿。這種圓滿的生命，要把個人自我的成就與整個社會的發展結合在一起，亦即我一個人行善時，別人也會因相對的互動而行善，這就是儒家的思想。

儒家的人生理想，一如孔子的志向是：「老者安之，朋友信之，少者懷之。」（《論語‧公治長》）孔子希望讓老年人都得到安養，朋友們互相信賴，青少年得到照顧。這十二個字，是自有人類以來的最高理想。耶穌、釋迦牟尼、蘇格拉底，也都有著相似的理想，要讓每一個人都得到安頓，尤其老與少是最弱勢的。最弱勢者可以得到照顧，朋友間可以互相信賴，代表社會上軌道。我們如果了解孔子的理想，也會希望我們身邊的人，由近及遠都可以得到安頓，得到快樂，所謂「己欲立而立人，己欲達而達人。」（《論語・雍也》）

# 主題二：肯定群我關係

# 第一講：親情出於天性

說到親情，我們最先想到的是孝順，「百善孝為先」也是人們耳熟能詳的。但是，孝順為何那麼重要呢？我們要在儒家的學說裡找一些根據。

## 人的生理、心理與倫理

宰我是孔子門下言語科第一名的學生，他非常聰明，口才特別好，他在《論語》中前後至少出現四次，每一次都受到孔子的教訓。我們最熟悉的是宰我白天睡覺的那一章。宰予晝寢。子曰：「朽木不可雕也，糞土之牆不可杇也。於予與何誅？」子曰：「始吾於人也，聽其言而信其行。今吾於人也，聽其言而觀其行。於予與改是。」（《論語．公冶長》）宰予白天睡覺，孔子很不高興，他說：「朽木不可雕也，糞土之牆不可杇也。」為什麼用這麼嚴厲的話來批評學生呢？因為這個學生口才特別好。孔子後面接著說，我以前聽到別人說的話，就相信他會做。從現在開始，聽到別人說的話，我會先觀察他的行為，再評斷這個人，我是因為宰我才開始改變的。其實白天睡覺本來不是什麼嚴重的事，但因為古代沒有電燈，只能用油燈或者其他的照明設備，一般人沒有什麼能力來負擔，所以日出而作，日入而息。除非在病中休養，否則白天沒有理由睡覺。

雖然如此，宰我對於孔子的教學內容能夠反省，而不是全盤接受，教到這種學生是很有挑戰性的。按古禮規定，父母過世，子女守喪三年。三年是指二十五個月。宰我認為時間太長了，應該縮短為一年。他的理由非常精采，也非常完整，他從兩方面思考：第一，三年太久了，「君子三年不為禮，禮必壞；三年不為樂，樂必崩。」（《論語．陽貨》）我們現在說文化的瓦解就是禮壞樂崩，宰我把它和三年之喪連在一起。譬如你讓一個小孩學鋼琴，他如果二十五個月沒有練習，再彈起來肯定是不太理想，所以三年對於人文世界的挑戰太長了，不應該那麼久。第二，他提到自然世界，「舊穀既沒，新穀既升，鑽燧改火，期可已矣。」古人鑽木取火，一年四季使用五種木頭（夏季分為兩階段）魯國在山東，穀物是一年收成一次。所以一年是一個週期循環。宰我的質疑兼顧了人文世界（禮與樂）與自然世界（穀與火）雙方面的條件，可說相當周全，因此他說三年之喪太長了，一年就夠了。

孔子碰到這樣的學生也會尊重，不能以權威來壓制他。但是，這個問題很難討論，因為社會上的倫理規範是長期形成的，在設計時所考慮的時空背景很難說得清楚。三年不行禮樂，真的會忘記嗎？有些人也許十年也不忘，有些人恐怕三個月就忘了，因此很難有個客觀的標準。稻米一年收成一次，但臺灣也有一年收成三次的，週期的循環又變成相對的了，所以孔子不跟他討論這些細節。孔子了解全盤的道理，立刻轉移焦點，因為倫理規範不是禮教吃人，而是為了滿足人內心情感的需求，有這樣的情感，才需要那樣的規範來配合。孔子於是問宰我：「食夫稻，衣夫錦，於女安乎？」守喪未滿三年，就吃白米飯，穿錦緞衣，你心裡安不安？孔子把焦點轉向是否心安理得？他當然希望宰我說：「恐怕不安吧！」或是說：「我再想一想。」沒想到宰我喜歡辯論，對老師也毫不客氣。

這種討論本來是好事，像亞里斯多德就曾說：「吾愛吾師，吾尤愛真理。」他認為柏拉圖的理想國無法實現，而亞里斯多德很重視現實世界，自己還擔任過亞歷山大大帝的老師。唐朝韓愈也說：「弟子不必不如師，師不必賢於弟子。聞道有先後，術業有專攻。」雖然孔子希望宰我能再繼續請教他，偏偏宰我聽到老師問心安與否？他直接說：「安。」於是，孔子以難得嚴厲的語氣說：「女安，則為之！夫君子之居喪，食旨不甘，聞樂不樂，居處不安，故不為也。今女安，則為之！」孔子認為君子居喪的時候，吃好東西不覺得可口，聽好音樂不覺得開心，住舒服的地方不覺得安適，所以才願意守三年之喪。宰我看到老師如此生氣，立刻離開教室。宰我離開教室後，孔子對留下來的學生說：「予之不仁也！子生三年，然後免於父母之懷。夫三年之喪，天下之通喪也；予也，有三年之愛於其父母乎？」一個小孩子生下來，三歲才能離開父母的懷抱，這是一個客觀的事實。古時候男主外，女主內，孔子居然觀察那麼細膩。所以儒家的哲學，是建立在客觀的經驗上，並非閉門造車。

美國有個案例，一所醫院發現他們收留的棄嬰個個都目光呆滯，面無表情，只有一個例外，這個孩子見人就笑。其實他的表現是正常的，卻在那樣的環境中顯得突出。醫生與護理師都受過科學訓練，於是裝上錄影機，二十四小時監視。一週後，他們有了答案。原來每天下班前，醫院的清潔婦人掃地收垃圾時，經過這個小男孩旁邊，就逗他玩半個小時。所以，每天有人關心半小時，就使這個小孩超越其他小孩。一個人如果沒有父母長輩的細心照顧，不可能順利成長。美國人到最近才透過研究得到此一心得，而孔子早就說過：小孩子生下來到了三歲，才能離開父母的懷抱。這叫作「洞見」，哲學家的偉大就在這裡。

美國另一所醫院也收容棄嬰。他們進行一個簡單的實驗，把小孩分成兩組。第一組孩子每天由固定的護理師照顧，孩子每天都看到同一張臉；第二組孩子每天換人照顧，孩子每天看到的都是不同的臉。半年下來，第一組孩子的智商發展，超過第二組孩子達一倍以上。所以，人能夠正常成長，能夠上學念書平安成長，一定需要安全感。孩子有了安全感，潛能得以正常而不斷地發展。所以，如果不是宰我向老師挑戰，我們就沒有機會讀到孔子的說明。我們從這裡所領悟的心得是什麼？首先，倫理是指人與人之間相處的規則，如君臣，父子、夫婦、兄弟、朋友之間，相處上皆有規範。倫理規範是基於內心的情感，我們有這樣的情感，才需要這樣的規範。譬如，見到老師要鞠躬，但前提是我內心對老師有真感情，如果沒有，我的鞠躬就是被迫的。情感出於自然，外在的規範就可以配合。「百善孝為先」，為什麼我們對父母的情感特別深呢？因為每個人都有幼兒依賴期。人是萬物之靈，但人類的孩子卻是最脆弱的。一隻斑馬生下來四十分鐘就必須跑，牠跑不動的話，獅子、野狗一來，自然就被淘汰了。人類的孩子生下來大概要三年左右才能離開父母的懷抱，這是生物中最長的幼兒依賴期。所以，人類幼兒依賴期在生理上的需求，導致心理上對父母有親密的互動和關懷的情感，這就是孟子說的「人之所不學而能者，其良能也；所不慮而知者，其良知也。孩提之童無不知愛其親者，及其長也，無不知敬其兄也。」（《孟子・盡心上》）我們基於生理上的需求，造成心理上的情感，以致於我們看到父母快樂時，自己也會快樂，因此，孝順就是希望父母永遠快樂，這不用勉強，也不需要有人來教。但是，由於人很健忘，所以才會有「養兒方知父母恩」的說法。我常思考一句話：「我們與子女一起成長，與父母一起成熟。」我們透過孩子的成長，恢復對自己成長過程的記憶。看到父母年紀大，慢慢衰老了，需要我們的照顧，也聯想到我們的將來情況。人的生命要想源遠流長，就需要將子女和父母連貫起來，成為一個生命之流。所以，儒家講的孝順並非教條，而是有根據的，從人的生理、心理到倫理，整個連接起來，形成一個系統。

## 孝順的具體作為

怎麼做才算孝順呢？《論語》有五百多章，談到孝順的地方大概十章左右。學生問什麼是孝順？或怎麼做才算孝順？孔子的回答也不盡相同。譬如，魯國的貴族（孟氏、叔氏、季氏）中，孟懿子（孟氏的子孫）問孝，子曰：「無違。」樊遲御，子告之曰：「孟孫問孝於我，我對曰：『無違』。」樊遲曰：「何謂也？」子曰：「生，事之以禮。死，葬之以禮，祭之以禮。」（《論語・為政》）孔子與弟子講話，在《論語》裡用「子曰」，但遇到貴族的時候，就寫成「子對曰」，表示恭敬的意思。貴族再怎麼年輕，都是社會上的高階級。孔子重視古代的禮制，若非如此，人與人如何相處？到底要尊敬誰呢？年紀比較大的嗎？比較有力氣的？比較凶悍的？孔子覺得自己回答孟孫的答案沒講清楚，於是便利用學生樊遲替他駕車時補充說明。幸好樊遲懂得問：「何謂也？」沒有像曾參直接說「唯。」惹出許多糾紛。孔子說：「父母活著的時候，依禮侍奉他們。父母過世後，依禮安葬，依禮祭祀。」孔子連說了三個「禮」字，禮和上層社會脫不了關係，因為實踐禮是很花錢的，需要排場，需要一定的規格。所以孔子教學生的時候，就教貴族要守禮，其實這是很不容易的。一個人有錢之後，財大氣粗，經常不守禮。孔子謂季氏八佾舞於庭：「是可忍也，孰不可忍也。」《論語・八佾》孔子為什麼反應激烈呢？因為八佾舞是天子才能享有的規格，天子八佾，諸侯六佾，季氏是大夫，只能舞四佾。季氏這麼做，等於關起門來當皇帝，孔子當然很不滿意了。

一般學生問孝的例子比較多。子游問孝。子曰：「今之孝者，是謂能養。至於犬馬，皆能有養。不敬，何以別乎？」（《論語・為政》）孔子說：「現在所謂的孝，是指能夠侍奉父母。但是像狗與馬，也都能服侍人。如果少了尊敬，又要怎麼分辨這兩者呢？」一般的翻譯，包括朱熹在內，都說：「所謂的孝順就是奉養父母親。但是對於犬與馬，我們也能養育，如果沒有尊敬的心，那跟養犬馬有什麼差別呢？」我們奉養父母親，要將自己喻為犬與馬，因為狗替人看門，馬替人拉車，古人在動物裡面特別挑出犬和馬作為代表，因為牠們能夠替人服務，到現在我們還說「願效犬馬之勞」。如果兒女只是侍奉父母而不存尊敬之心的話，那與犬馬照顧人，有什麼差別呢？所以我們侍奉父母時，還要保有尊敬的心，這並不容易做到。

我們舉曾參做例子。曾參非常孝順，他的父親曾點雖然脾氣不好，但是曾參還是一樣孝順。在《孟子》裡有一段話很有意思。孟子說，曾參奉養父親曾點，每一頓飯都有酒有肉，用畢，問父親說，剩下的酒肉要給誰？因為他們的鄰居是窮人，曾參想讓父親的善心能夠表現出來，關懷別人。後來曾參老了，他的兒子就沒有那麼孝順了。兒子叫曾元，曾元養曾參，每一頓飯有酒有肉，但是用畢後，不再問曾參剩下的飯菜給誰。若是曾參問，還有剩下的嗎？他會說沒有，因為他準備下一頓熱一熱再給父親吃。孟子講這一段話也感慨很深，三代的差別就出現了。從曾點、曾參到曾元三代。要實現孝道也真不容易，一方面奉養父母，另一方面，還要讓父母親關懷其他人的心意能夠表現出來。所以養父母是要養他們的心志，讓父母行善的心志得以透過子女表現出來，而不是光奉養而已。這是有關奉養父母要尊敬父母的重點。

子夏也請教怎樣才叫孝順？子夏問孝，子曰：「色難。有事，弟子服其勞；有酒食，先生饌；曾是以為孝乎？」（《論語・為政》）色難指的是臉色要表現愉悅最難。我們常常說「久病床前無孝子」，父母長期生病，到最後子女就沒有耐心了，變成父母要看子女的臉色，孔子這話說得多深刻啊！父母在生病的時候，我就拿這句話提醒自己，一定要表現愉悅的臉色。孔子談到孝順，居然這麼深刻、親切。孔子三歲時，父親就過世。根據司馬遷的說法，他十七歲時，母親也過世；也有人說孔子成家之後，二十歲時母親才過世。無論如何，孔子在二十歲前後，父母都過世了，但他依然懂得什麼叫作孝順。有時候，父母不在了，他的思念反而更為深入，更為親切，所以他給學生的建議都很具體。

另一位學生的出身背景也是貴族，孟武伯問孝。子曰：「父母唯其疾之憂。」（《論語・為政》）孔子的回答是：「讓父母只為你的疾病憂愁。」有時候生病是不得已的，讓父母除了疾病之外，任何事都不用替子女擔心。

孔子還說過：「父母在，不遠遊，遊必有方。」（《論語・里仁》）很多事情都有原則，也有變通。原則就是父母健在，子女不應到遠方去遊歷、遊覽、遊學，甚至是去工作。因為古代交通不方便，一旦離家，恐怕好幾個月，甚至一兩年不能回來，父母會擔心的。孔子好像預見今天通信設備的方便，所以加上一句「遊必有方」，到外面去要讓父母知道你在什麼樣的地方。做子女的往往不太容易想像父母對子女的掛念，等自己做了父母，才會明白。

孔子還說：「父母之年，不可不知也。一則以喜，一則以懼。」（《論語・里仁》）父母的年紀不可不知，一方面父母年紀大了，為他的高壽而開心；另一方面也擔心他的衰老。對於父母的年齡，我們常常憂喜參半，孔子這樣的說法，我們今天聽起來，還是非常合情合理。孔子常常遺憾無法盡孝，因為他年輕的時候父母就過世了，所以他很羨慕別人父母健在，也鼓勵別人好好珍惜親情。

我們常聽到人說「天下無不是的父母」，並且說這是儒家的觀點，我要鄭重澄清，孔子、孟子不會講這種不合理的話，這句話是宋朝學者羅仲素所說。父母是平凡人，成家之後可能有子女，但他們的德行並不會因此而改善。如果說天下無不是的父母，所有天下做父母的都變成好人，那麼世界上還有幾個壞人呢？是否壞人結婚生子就會變成好人了呢？可見這話不合邏輯。所以，這句話只是要說明天下沒有父母不關懷子女的，子女面對父母的時候，盡量要從善意來了解，不要分析父母的對或錯。也許父母所認為的好，不是子女所接受的好，這可以討論、商量。孔子說過：「事父母幾諫，見志不從，又敬不違，勞而不怨。」（《論語・里仁》）侍奉父母時，發現父母可能做錯事，一定要委婉勸阻。既然要委婉勸阻，就表示父母做的很明顯是不對的事。父母做壞事，做子女的實在無法負連帶責任。假設有一個小孩，父母以殺人、騙人為生，小孩長大後，知道人生的道理，就勸父母別再這樣了，父母說那怎麼養活你呢？這個問題誰都沒有辦法回答。子女既然知道父母做的事不對，就要委婉地勸阻。如果父母不聽的話，照樣尊敬父母，不要直接違抗他們。但是內心憂愁，不要抱怨。講得多麼婉轉，還是不要抱怨。因為對我們來說，天下沒有比父母更偉大、更重要的人了。

古人把父母比擬為天地，沒有父母就沒有我們。即便父母有錯，子女沒有理由、也沒有權利對父母惡言相向。天下只有親子關係是不可逆的。所謂可逆，就是說你打我一拳，我踢你一腳，你對我不仁，休怪我對你不義，這是可逆的。兄弟可能鬩牆於內，更不要說是朋友。這樣的要求不公平嗎？當子女的將來也會當父母，沒有什麼不公平可言。子女若是對父母不好，恐怕父母也有教育上的責任。了解這一點之後，才能進一步了解儒家的思想。很多人常說，儒家思想不適合法治社會，《論語・子路》有一段對話：葉公語孔子曰：「吾黨有直躬者，其父攘羊，而子證之。」孔子曰：「吾黨之直者異於是。父為子隱，子為父隱，直在其中矣。」葉公對孔子說：「我們鄉里有個正直的人名叫躬，他爸爸偷羊，他就親自去檢舉。」孔子說：「我們鄉里正直的人作法不一樣：父親替兒子隱瞞，兒子替父親隱瞞。這其中自然就有正直了。」直代表真誠而正直，互相隱瞞不就違背法治嗎？不是變成為了私情而傷害公義嗎？很多人因此批評儒家沒有法治觀念。孔子在這裡並沒有說這是正直，他只說這其中有直。

## 上尊祖先，外及天下

人的社會結構從家庭開始，組成一個部落，慢慢形成社會，最根本的情感來自家庭。如果父親偷羊，兒子去檢舉，代表父子間不再考慮家庭關係，只考慮社會上個人的關係。這樣一來，等於父親與兒子是兩個個人、兩個不相關的個體，在法律之前人人平等，所以父親犯了錯，兒子去檢舉，完全沒有人情問題。沒有人情問題，社會因而趨於刻薄，後果非常危險。法家在秦國實踐之後，刻薄寡恩，秦始皇、秦二世就結束統治了。一個社會的崩解即從這種親情的淪喪開始。孔子並不是破壞法律，儒家絕不破壞法律，他考慮的是人類更根本的情感。

孟子經常推崇舜的為人，他的學生桃應請教他：「如果舜的父親瞽叟殺人，舜會怎麼處理？」這問題很有代表性。舜是天子，天子的爸爸殺人，天子怎麼辦？這段對話記錄在《孟子・盡心上》，孟子說：「舜視棄天下，猶棄敝屣也。竊負而逃，遵海濱而處，終身訢然，樂而忘天下。」舜把丟棄天下看成像丟棄破草鞋一樣。他會偷偷地背著父親逃跑，沿著海邊住下來，一輩子開開心心，快樂得忘記天下。所以儒家講的「父為子隱、子為父隱」，絕對不是要破壞法律，而是強調人與人之間情感的重要性，要與法律分開來衡量。法律也有三等親之內作證的效力有限的慣例，六親不認是違背常理的。那麼，儒家沒有缺點嗎？哪個學派沒有缺點呢？但缺點有時候來自時代、社會的因素，有時候來自理論體系的不夠圓滿。儒家如果有缺點的話，恐怕是時代的因素比較多，而不是故意要造成人與人之間的緊張關係，並不是學習儒家之後就不再尊重法律了。

孔子所說的「直在其中」的「直」字，必須翻譯成一個詞：真誠而正直。它兼顧兩方面：第一，內心真誠，直接表現出來；第二，外在的表現要正直。如果只談正直的話呢，必定有人進一步問，正直的標準何在？是誰規定的？為什麼這樣規定？所以要強調真誠而正直。孔子也說過：「人之生也直，罔之生也幸而免。」（《論語・雍也》）意思是說，人活在世間，原本應該真誠而正直；沒有真誠而正直，還能夠活著，那是靠著僥倖來免於災禍。我在注解時，忍不住說：世間靠運氣的人何其多啊！人能活著是靠真誠而正直，否則活著不舒坦、很緊張，那不也是一種遺憾嗎？既然活著，就要有人格尊嚴，言行盡量一致，與人坦坦蕩蕩來往，才是真正作為萬物之靈的生命。

孔子教學生要孝順，因為親情出於天性。有人問孔子何不參與政治？孔子說：「《書》云：『孝乎惟孝，友于兄弟，施於有政。』是亦為政，奚其為為政？」（《論語．為政》）他引用《尚書》的一句話，說最重要的是孝順父母，友愛兄弟姊妹，再把孝與悌的風氣從家人到鄰居間，慢慢推廣出去，這就是政治。將政治推給幾個領袖，說你們是領導者，要負責治好天下，其實是不可能的。政是眾人之事，治是管理，要管理眾人之事，最好的方法是讓每一個人管理自己，每一個家管理自己的家，才有可能天下太平。

儒家重視孝順，重視人類生命的基本結構。每個人都需要父母的照顧，才能慢慢成長。成長之後，再推擴到服務鄰里、鄉黨、社會、國家。曾參說：「慎終追遠，民德歸厚矣。」（《論語．學而》）喪禮能慎重，祭祀能虔誠，社會風氣就趨於淳厚了。「終」是指生命結束。人有生必有死，以哀戚之心謹慎舉行喪禮，才能表達對死者的尊敬與懷念，也使生者珍惜生命並努力修德行善。「遠」是指離我們較遠的祖先。定期舉行祭祀，飲水思源，心存感恩，為人處事也就比較寬厚仁慈。如此，社會風氣就歸於淳厚。常常念及祖先，對別人自然厚道。一個人在社會上做壞事，往往都是沒想到祖先、沒想到子孫，愛怎麼做就怎麼做，到最後出了問題，讓祖先蒙羞。所以古人用「無忝爾所生」互相勸勉，忝就是羞恥，不要讓祖先感到羞恥。不但如此，還要注意到子孫，因為如果你做得不好，子孫也會難堪。孟子引用孔子的話說：「『道二，仁與不仁而已矣。』暴其民甚，則身弒國亡；不甚，則身危國削。名之曰『幽』、『厲』，雖孝子慈孫，百世不能改也。」（《孟子・離婁上》）孔子說：「道路只有兩條，行仁與不行仁罷了。」虐待百姓太嚴重，自身被殺，國家滅亡；即使不太嚴重，也會危及自身，國家削弱，死後謚號為「幽」、「厲」，即使他有孝順的子孫，一百代也無法更改。祖先做錯事你再怎麼樣都補不過來，那已成事實。你只能盡量行善，希望後人看到子孫們的善行，對祖先的批評能緩和，說他後代也有不錯的人。所以，如果一個人把自己的生命，放在祖先與子孫共有的生命之流中，源遠流長一路下來，就會自我要求去行善，整個社會自然會趨向敦厚的風氣，人與人之間也比較容易互相尊重。

在孔子和宰我的討論中，把社會上的倫理規範，推及人的心理情感上的需求，再推到人在生理上的脆弱、需要父母的照顧，可見它具有普遍性。每一個人都是從小慢慢成長的，他的生理、心理、倫理連貫起來，所以後面所說的倫理（禮教），並不是要壓制或迫害人，反而是幫助人的情感找到適當的表達方式。所以我們在一個社會推行禮樂教化時，絕對不能忘記，內心真誠的情感永遠是來源與基礎。作為一個人，如果不能真誠恢復內心真實的情感，那他的一切作為都是在作秀而已。

具體上該如何實踐孝順，則要視個別的情況。若能進一步，自己做到孝順，進而推到整個社會，國家自然就治理好了。這是儒家的理想。無論如何，儒家肯定一個人能做到孝順的話，父母子女相處就會愉悅，本身當下就有快樂。至於其他的正面效果，也會自然發展下去。

# 第二講：友誼值得珍惜

人在家庭出生及成長之後，接著要進入社會，結交朋友。思考交友問題，會讓人想到「緣分」一詞。緣分有三點特色：

第一，緣有長有短。有人的緣分是一輩子，有人的緣分則很短，只有在中學時代一起念書，或在社會上共事，後來就沒有再見面了。第二，緣有深有淺。有些人或許緣分很短，但是很深；有些人緣分很長，卻很淺，一輩子都是淡淡的。第三，緣有好有壞。好的叫善緣，壞的叫惡緣。

所以緣有長短、有深淺、有好壞。一般人都希望與朋友的緣分能夠長遠、深刻，同時又是好朋友，這種理想能不能達到呢？孔子對朋友有什麼樣的見解呢？我們先談談孔子如何與朋友相交。孔子認為朋友之間的情感與道義很重要，朋友的財務狀況他則不太在意。《論語・鄉黨》記載「朋友之饋，雖車馬，非祭肉，不拜。」朋友送的禮，即使是車與馬，只要不是祭肉，孔子不會作揖拜謝。如果朋友拿祭拜祖先所用的豬肉來送他，他的態度則非常慎重，還作揖拜謝，因為他認為朋友把他當作家族的朋友，這是一種深刻的情意。可見精神價值超過物質價值。如果你以貴重的車馬當作考量標準，窮人怎麼辦？孔子這種明確的態度，讓我們知道人生的價值是要由內在的情感來衡量，而不必考量外在的禮物是否貴重。

〈鄉黨篇〉還記載「朋友死，無所歸，曰：『於我殯。』」遇到朋友過世而無人料理後事，孔子就說：「我來負責喪葬。」一般來說，這應該是家道中落或子孫不肖才會發生，而孔子能夠雪中送炭，真是一死一生乃見交情。

從孔子對朋友的這兩點作法可知，他是很特別的一個人。他有很多朋友，但還是很謙虛。在《中庸・第十三章》中，他提到：「所求乎朋友，先施之，未能也。」他說：「要求朋友應該對朋友先付出心血，但我沒有做到。」孔子認為自己沒有做到先對朋友好，都是朋友先對他好。交朋友有很多方式，譬如雅典人很重視面子，絕對不占朋友便宜，彼此送禮時，先接受的人一定會回送更大的禮，他們在心態上非常高雅，對朋友的滴水之恩，湧泉以報。

## 交友：共學、適道、立、權

人與人來往是一種緣分，但也需要有同等層次的品格，才能增進這種善緣。孔子說：「不得中行而與之，必也狂狷乎！狂者進取，狷者有所不為也。」（《論語・子路》）找不到行為適中的人來交往，則找志向高遠或潔身自好的人。志向高遠的人奮發上進，潔身自好的人有所不為。言行都適當的人最難找，有這樣的朋友，自然可以向他學習，因為人與人之間是互相影響的，所謂「近朱者赤，近墨者黑。」如果找不到這樣的朋友，那麼要找怎樣的朋友呢？那就考慮狂者與狷者。狂者進取，狷者有所不為。

從孔子的觀點來分析，可知教育的首要目的，是要教學生有所不為。有所不為就是對某些不夠格調、不夠水平的事情，不屑於去做。不是不想做，不是不敢做，不是不能做，而是不屑於做。為什麼？因為受過教育，知道哪些事情不夠水平，這叫作狷者。狷者很清高，有自己的理想，對於有損格調的事情就不去做。這是第一步。孟子也說：「人有不為也，而後可以有為。」（《孟子・離婁下》）不屑於做某些事，你才能積極地去做另一些事，那就是狂者了。狂者進取，不斷地上進，總覺得今天要比昨天好，明天又要比今天好，這樣的人生才有奮發的動力。所以孔子說，交朋友最基本的層次是與狷者來往，有所不為，同他在一起就不會為非作歹了。接著，要設法找到狂者，不斷奮發向上。

當然，能夠與中行者交往是最好的了。「中行」很難說清楚，其實就是當狂則狂，當狷則狷。如果只是狷者，可能什麼都不做，太消極了；而狂者一直往前發展，則有些冒險。所以要能當狂則狂，當狷則狷。孔子強調智慧的判斷，什麼時候該做，什麼時候不該做，都需要靈活的智慧。每天都能感受生命的能量，頭腦清醒而不因循苟且，因為每天都會出現不同的情況。

孔子對學生說，交朋友有四個階段，「可與共學，未可與適道；可與適道，未可與立；可與立，未可與權。」（《論語・子罕》）可以一起學習的人，未必可以一起走上人生正途；可以一起走上人生正途的人，未必可以一起立身處世；可以一起立身處世的人，未必可以一起權衡是非。同學們一起讀書，稱作共學，但畢業之後分道揚鑣，對人生的要求也各有所重。立足就是立身處世有一定的信念，堅持某種原則與規矩，能一起做到這一點的人並不多見。權就是衡量輕重。孔子說過：「道不同，不相為謀。」（《論語・衛靈公》）人生理想不同，不必互相商議。通常我們交朋友，往往是基於共同的興趣和嗜好，但是碰到人生的抉擇問題，就要有朋友可以商量，而這是最難交到的朋友。

關於交朋友，孔子說：「無友不如己者。」（《論語・學而》）這句話往往使我們覺得困惑，為什麼孔子這麼說呢？大家都不與不如自己的人交朋友，誰還交得到朋友呢？因為朋友總是有高有低，一經比較，怎麼可能完全平等呢？到最後沒有人可以交朋友了，於是只好說「有朋自遠方來」，大概遠方來的還沒有機會比較吧？這樣的理解顯然並不恰當。孔子所說的「如」是「相似」的意思，亦即不要交那些與自己志趣不相似的朋友。人活著都要工作，請問工作之餘，休閒的時候你做什麼？這就要看志趣了。我放假時喜歡爬山，你放假時喜歡游泳，這樣就沒有機會相處。我放假去下棋，你放假去打球，我們怎麼做朋友呢？所以，志趣相近的話，自然就容易交往，可以切磋琢磨，精益求精，這樣的理解比較合適。

## 益友與損友

孔子提醒我們，朋友有益友，也有損友。三種朋友有益，三種朋友有害，但都是朋友，一定有某種緣分。這種緣分也許是同鄉、同學、同事、同道，甚至同遊，一起出國，都可能成為朋友。朋友的好壞怎麼分呢？孔子說：「益者三友，損者三友。友直，友諒，友多聞，益矣。友便辟，友善柔，友便佞，損矣。」（《論語‧季氏》）三種朋友有益：友直、友諒、友多聞。直代表真誠而正直。這樣的朋友有時會帶來壓力，你做錯了，他直接告訴你。但我們總覺得朋友不是應該多包容嗎？所以，包容體諒是第二點。如果朋友只是包容體諒，最後可能忽略原則。親情不能靠法律約定維繫，但朋友之間一定要互相以正道期許。否則交朋友的意義何在？友直的「直」，代表朋友真誠而正直，他不一定都對，但至少會直爽地面對你。孔子回答子貢問交友之道，他說：「忠告而善導之，不可則止，毋自辱焉。」（《論語‧顏淵》）朋友有過錯，要真誠相告並委婉勸導，他若不聽從，就閉口不說，以免自取其辱。正直的朋友猶如「忠言逆耳」、「良藥苦口」，和這種朋友交往，互相勉勵是很難得的，彼此要能了解對方的用心。

孔子反對人們把怨恨隱藏起來，繼續做朋友。他說：「匿怨而友其人，左丘明恥之，丘亦恥之。」（《論語‧公冶長》）左丘明是古代魯國的史官，覺得這樣可恥，孔子也覺得這樣可恥，因為交朋友第一要點就是坦誠。對其他人可能要考慮客套一下，比如對老闆或對屬下，如果對朋友還要客套，就沒有什麼道理了。既然是朋友，一定很容易建立共同的人生理想化解不必要的誤會。

益友的第二種是友諒。「諒」有兩個意思，第一，說話算話，言而有信，但有時這種信用顯得範圍狹窄。儒家對於「諒」（守信用）會考慮一些條件。比如，孔子曾批評與管仲同時代的幾個人，因為政治上的競爭失敗就自殺了，他反對這種行為。他反對自殺，因為生命很可貴，不該只為了政治競爭就放棄生命。人活在世上，要留著生命做有用的事，政治競爭結束之後，可以為後代子孫做更多的事情。我們知道，做朋友守信用是很合理的，「諒」的另外一個意義是體諒包容。如果因為一點誤會，造成別人都不相信你，真正的朋友會了解你有不得已的苦衷，這就是體諒包容。

歷史上最有名的例子，應該是「管鮑之交」。齊國內亂時，兩位公子逃到國外。這時有兩個好朋友，管仲與鮑叔牙，他們兩人當時就有投資的概念，不把雞蛋放在同一個籃子裡，所以一人選一邊。管仲選擇公子糾，鮑叔牙比較老實，跟著公子小白，也就是日後的齊桓公。齊桓公即位後，想請鮑叔牙當宰相，鮑叔牙婉拒，反而推薦他的好朋友管仲。齊桓公對此非常不滿，因為以前兩軍對峙時，管仲曾經一箭射中齊桓公的帶鉤（類似男性的皮帶銅環，是一種裝飾品），差點把他射死。鮑叔牙勸諫齊桓公，如果要成就霸業，就不要計較個人恩怨，而要為齊國著想。於是齊桓公要求魯國把管仲送回來，管仲一進齊國邊境，齊桓公立刻拜他為宰相，稱他「仲父」。仲父有兩個意思，一是尊稱他為長輩，二是仲父代表叔父。管仲幫助齊桓公用外交手段避免各國之間的戰爭，「桓公九合諸侯，一匡天下，不以兵車，管仲之力也。」（《論語・憲問》）孔子對管仲推崇備至，很多人因為管仲的生活過於享受而否定他，但孔子考慮的是他造福了天下人。齊國的宰相本來只負責照顧齊國人，但現在可以透過他的作為，讓天下人都得到照顧。所以他說什麼呢？他說，「民到于今受其賜，」老百姓到現在還受到管仲的恩賜。「微管仲，吾其被髮左衽矣。」如果沒有管仲，我們早就被四周的蠻夷之邦給打敗了。當鮑叔牙向齊桓公推薦管仲的時候，齊桓公手上有很多對管仲不利的資料。齊桓公得知管仲曾經貪汙，鮑叔牙說管仲家有老母，為了奉養母親只好貪汙了；齊桓公又說，他以前打仗的時候臨陣脫逃，鮑叔牙又說他家有老母，必須活著回去。像鮑叔牙這麼好的朋友真是令人放心，這就是朋友間的體諒。

最後一個益友的條件是「友多聞」，指的是博學多聞。朋友喜歡學習，大家見面聊天的時候才有話講。有時候我們看到許多人聚在一起，都是不太讀書的人，聚會五分鐘後就開始分享八卦，這些事情談多了之後，自然覺得厭倦，無異於浪費生命。如果朋友博學多聞，各有專長，可以互相學習，見面的時候分享最新的觀念，那是件很愉快的事情。

孔子又說三種朋友有害。第一種，友便辟，就是裝腔作勢，愛面子，讓人無法感受到他的真誠。第二種，友善柔，就是刻意討好，一見到你就說好話，想盡辦法討好你。第三種，友便佞，巧言善辯。這三種朋友都有害，我們要想想有沒有裝腔作勢、刻意討好、巧言善辯的朋友呢？我想還是有的，「群居終日，言不及義，好行小慧。難矣哉！」（《論語・衛靈公》）就是這個意思。一群人整天相處在一起，說著無關道義的話，又喜歡賣弄小聰明，孔子認為這樣實在很難走上人生正途！

孔子另外提到三種有益的快樂，其中之一就是多結交優秀的朋友。是哪三種快樂呢？第一，樂節禮樂，用禮樂來調節生活。與人交往，禮是讓我們在人間有秩序，就身分、年紀各方面來衡量，使長幼尊卑有序，才能形成一種長期而穩定的關係。禮強調「分」，樂強調「和諧」，通過音樂欣賞讓人的情感和諧。人活在世界上，如果只有分而沒有合，人跟人相處會有很大的壓力，彼此之間的情感很難協調。孔子特別崇拜周公制禮作樂，使社會有規範，也能保持和諧。所以孔子說，第一種有益的快樂，是樂節禮樂，用禮樂來調節生活，以此為樂。

第二，樂道人之善。稱讚別人的優點，並以此為樂。這一點很難做到，通常我們是在背後講別人缺點。「哪個人前不說人，哪個人後沒人說。」最後就變成互相批評、見不得別人好了。

第三，樂多賢友，賢代表傑出的、優秀的朋友。多結交這樣的朋友，自己也會日趨於善。

孔子也提到，三種快樂是有害的。快樂讓人高興，但卻有害處，怎麼樣的快樂呢？樂驕樂、樂佚遊、樂宴樂。第一，驕樂是以驕傲自滿為樂。第二，佚遊是整天吃喝玩樂。吃喝玩樂有它的樂趣，一到吃飯時間，立即感覺人生的美好。桌上的菜餚很豐盛，這種快樂非常單純，只是滿足本能需求而已。這種快樂會讓人耽於逸樂而不知長進。第三，樂宴樂，三日一小宴、五日一大宴。這些都屬於對身體需求的滿足，很容易重複而乏味。

交朋友有三個層次，第一，要結緣。比如，喜歡讀書，參加讀書會；喜歡下棋，參加棋友社。只要有共同的興趣，就會讓大家聚在一起，說話有共同題材，進而建立共識，在許多方面可以互相幫助。第二，要惜緣，珍惜每一次相處的緣分。第三，要隨緣。就算珍惜緣分，到了該分手時還是要分手，將來再見面時，希望大家更有長進、事業更有成就。

孔子的弟子曾參曾說過「君子以文會友，以友輔仁。」（《論語・顏淵》）「文」的涵義非常豐富，孔子說過「文質彬彬，然後君子。」（《論語・雍也》）這代表文化的素養。《易經》賁卦彖傳：「觀乎天文，以察時變，觀乎人文，以化成天下。」簡稱「人文化成」，文代表人類文化的表現。

一個人受過教育，有了改變，從思想觀念到言語行動各方面，都能展現出教育水平。這當然也包括各種文藝活動。所以君子談文論藝與朋友相聚，再以這樣的朋友來幫助自己走上人生的正路。「仁」代表人生的正路，獨自走在人生之路上很辛苦，「獨學而無友，則孤陋而寡聞。」（《禮記・學記》）沒有朋友很難堅持下去。各自在特定的工作崗位上，各自在不同的環境中，如何堅持理想呢？有時候好朋友不在身邊，「海內存知己，天涯若比鄰。」經常想起朋友，就如同他在我旁邊，可以互通音信、互相鼓勵、互相支持。

## 朋友的情義

朋友是我們的鏡子，可以照見我們的真相。所以要了解自己的孩子，就看他交了哪些朋友。人生是不斷在變化的，每一個階段都有階段性的朋友，過了那個階段，恐怕只有極少數留下來。時間就像篩子，我們篩檢別人、別人也把我們淘汰了。這是互相調整的過程，我們可以藉此衡量自己的情感。譬如，把過去這一年交往最密切的朋友按照順序列出十個人。接著問自己，我跟這些朋友認識多久呢？會發現大部分都是五年之內認識的。那麼就要問了，五年之前的朋友到哪裡去了？都被開除了。你把別人開除，別人也把你開除，因為不來往是互相的。如果交往最密切的朋友都是五年之內認識的話，那麼，再過五年，現在的朋友也不見了。若是如此，人的生命將不堪回首，變得非常短暫。一個簡單的建議是，將朋友分類，過去一年間來往的朋友中，最理想的比例是，有三、四位是兩、三年之內認識的，由於工作或者特定的情況，你自然跟他們多來往。有三、四位是認識五、六年的；另外也有三、四位是認識十年以上的。以我個人來說，有認識四十年以上的朋友，也在持續來往。因為認識超過四十年或五十年以上，可以回想那時候我們還青春年少。看到這樣的朋友，就會想到自己年輕的時候有什麼樣的想法，和現在差了多遠呢？

一個人到了八十歲，若還能記得十八歲時的理想，才能感受生命的源遠流長，與生命的一貫性，如此才有力量。否則，到了老的時候，就遺忘年輕時的理想，實在很可惜。有時候，一個人做不到的事，需要朋友互相鼓勵，互相幫忙，所以人的生命過程不可能獨自行走。儒家強調人與人的關係，非常重視社會理想，希望能盡自己的力量來改善社會。但是一個人的力量非常有限，一個人的理想往往只是幻想，除非他能得到朋友的支援。朋友們一起商量，認為這不是幻想，有可能與現實結合，也可能以某種方式實現，若能得到朋友的鼓勵與支持，人生才顯得完美。當然，孔子有很多學生，其中有些與他相處像朋友一樣，也有些年紀和他差距很大的「忘年之交」。對弟子來說，孔子是標準的良師益友；對孔子來說，這些年輕的弟子，也讓他想到青春時期的熱情和懷抱，想到人生的理想可以代代相傳，努力實現。

如果吹毛求疵，要問孔子有沒有不太理想的朋友呢？也是有的。在《論語・憲問》中，提到孔子的一位鄰居，應該也是他的老朋友。這段記載很短，「原壤夷俟」。原壤這個人，孔子去他家拜訪，他居然伸開兩腿坐在地上等，孔子看到他，很生氣地說：「幼而不孫弟，長而無述焉，老而不死，是為賊。」接著還用他的棍子敲原壤的小腿，「以杖叩其脛」，想不到孔子還會打人。關於原壞的資料很少，有人說他在母親過世的時候也沒有落淚，照樣過日子，故意想超越法律與禮儀的規範。孔子很不喜歡這樣的人，孔子說他什麼呢？年少的時候既不謙遜也不友愛，長大了沒有什麼值得傳述的貢獻，活得這麼老了還不死，真是傷害了做人的典型。年輕人看到老人家一輩子不做好事卻也活了很久，就會想自己也未必要做好事。我們都希望好人長壽，壞人短命。沒想到孔子也有如此的朋友。

交朋友不能沒有緣分，在《論語》中，我們可以看到，孔子總是鼓勵、期許我們珍惜朋友情分。像《論語》的第一句話，大家都熟悉的，「學而時習之，不亦說乎；有朋自遠方來，不亦樂乎。人不知而不慍，不亦君子乎？」（《論語・學而》）的確，有朋自遠方來，大家一起切磋琢磨，感受生而為人的特殊價值，真是值得我們好好珍惜。

# 第三講：積極參與社會

儒家有入世情懷，總希望改善人間。《孟子・滕文公下》說孔子「三月無君則皇皇如也；出疆必載質。」三個月沒有被國君任用，就著急起來；離開一個國家，必定帶著謁見另一個國家君主的見面禮。事實上，孔子是為了抓緊時機為國家與百姓服務。但是，做官還是需要各種條件的配合。

如果想培養自己的口才，最好的方法就是把《論語》中，子貢所說的話列出來仔細研究，因為他是言語科的高材生。他的口才好在說話含蓄，譬如，他想知道老師要不要做官，就問孔子：「有美玉於斯，韞櫝而藏諸，求善賈而沽諸？」子曰：「沽之哉，沽之哉，我待賈者也。」（《論語・子罕》）子貢說：「假設這裡有一塊美玉，那麼該把它放在櫃子裡藏起來呢？還是找一位識貨的商人賣掉它呢？」孔子何等聰明，他說：「賣掉吧，賣掉吧，我是在等待好商人啊。」師生的對話真是精采。孔子很希望有人了解他，肯定他是人才而任用他。

## 入世的情懷與責任

孔子從五十一歲到五十五歲之間在魯國為官。他五十一歲出任中都宰，也就是中都縣的縣長，因為表現優異，第二年就升為小司空，擔任工程建設部門的副長官。不久又升為司寇，負責全國的治安。孔子擔任司寇，社會風氣立刻改善，大家都知道他言出必行，一切依法辦理，三個月而魯國大治，歷史上用「路不拾遺，男女分途」八個字形容。東西掉在地上沒有人撿，男女在路上分道而走，避免嫌疑。後來他以司寇之職行攝相事，代理宰相職務，卻因為政績卓著而引起齊國的擔心。魯國以文化傳統著稱，國勢並不強大，現在魯國大治，引起齊國的緊張。齊國送給魯君八十位美女，一百二十匹好馬。這些美女能歌善舞，魯定公受到誘惑，每天欣賞歌舞表演，觀看賽馬。孔子知道魯定公要疏遠他了，因為國家祭典後，孔子並沒有依禮分到祭肉，他於是辭去職務，開始周遊列國，到六十八歲才回到魯國，總計將近十四年的時間。

《孟子・萬章下》記載「孔子之去齊，接淅而行；去魯，曰，『遲遲吾行也，去父母國之道也。』」他離開魯國的時候遲遲其行，學生都不耐煩了。於是他說，離開父母之邦，一定要慢慢走，希望魯定公能回心轉意把他找回去。但事與願違，魯定公並沒有這麼做，他只好去國離鄉。

孔子周遊列國的一些經歷記錄在《論語・微子》中。有一次孔子帶著學生想渡河，但找不到渡口，有兩個人（長沮、桀溺）正在耕田，孔子吩咐子路向他們請教渡口的位置。長沮反問子路，手拉著轠繩的人是誰？子路說是魯國的孔丘。長沮確認後，就說：「他早就知道渡口在哪裡了。」這個渡口不是指渡河的渡口，而是指人生的渡口，可見他們對孔子相當了解。子路只好再問桀溺，桀溺知道他是子路之後，就勸他說，天下太亂了，與其追隨逃避壞人的人，不如追隨逃避社會的人。子路轉告老師這段對話，孔子聽了很難過，說了一段話，正好表明儒家的立場。子曰：「鳥獸不可與同群，吾非斯人之徒與而誰與？天下有道，丘不與易也。」這段話講得真好。他說：「我們沒有辦法與飛禽走獸一起生活，如果我不與人群相處，又要同誰相處呢？天下政治若是上軌道的話，我就不會帶著你們到處奔走從事改革了。」這表明儒家人文主義的立場：我是人，就跟人群在一起；人群需要教化，我就教化百姓，希望社會能上軌道。

他們繼續周遊列國，子路追隨孔子，卻遠遠落在後面。他遇到一位老人家，用木棍挑著除草的工具。子路請教他：「請問您有看到我的老師嗎？」老人家說：「你這個人四肢不勞動，五穀也分不清，我怎麼知道你的老師是誰？」子路拱著手站在一邊。稍後，老人家留子路在家裡過夜，殺雞作飯給子路吃，又叫兩個兒子出來相見。第二天，子路趕上孔子，報告這一切經過。孔子叫子路再回去告訴老人家他的心意，但老人家已經出門了。子路只好對兩個孩子說：「不從政是不應該的。長幼間的禮節不能廢棄，君臣間的道義又怎麼能廢棄呢？原本想要潔身自愛，結果卻敗壞了更大的倫常關係。君子出來從政，是道義上該做的事。至於政治理想無法實現，則是我們早已知道的啊！」一前一天老人家叫兩個小孩出來拜見子路，代表他還肯定長幼之序，那麼身為老百姓對國家怎麼可以不盡忠呢？所以注意到小的禮節而忽略了大的禮節，這就是隱士的敗筆。

如果把儒家和隱士相比，長期下來一定是儒家得勝。因為隱士雖隱居在山中，但仍舊結婚生子，依然要教子女孝順與友愛，而這些是儒家所倡導的。大人可以隱居，小孩子怎麼隱居呢？所以，隱居是大人成年之後個人的抉擇，但是小孩子還是要學習父慈子孝、兄友弟恭、慢慢成長。儒家在社會上扮演教育者的角色，能夠使社會承先啟後，這是不能否認的。所以，由《論語》中儒家與隱士的幾段精采對話，可知儒家認為天下興亡匹夫有責，更何況是讀書人？好人都隱居的話，天下交給誰呢？這是儒家悲天憫人的情懷。

## 對富貴名利的省思

既然投入社會，該追求什麼呢？很多人說，當然追求富貴了。富就是有錢，貴就是有官位。孔子從來沒有反對富貴，任何社會一定有人得到富與貴。孔子還說過：「富而可求也，雖執鞭之士，吾亦為之；如不可求，從吾所好。」（《論語・述而》）財富如果可以求得，就算在市場擔任守門員，我也去做。如果無法以正當手段求得，那麼還是追隨我所愛好的理想吧。古代的「執鞭之士」有兩種，第一種是大官出門，幫他開道。第二種是在市場門口擔任守門員，因為怕有強盜搶劫、小偷偷東西。在這裡指的是第二種，職位雖然卑賤，但有發財的機會。孔子不是為發財而發財。他說過：「不義而富且貴，於我如浮雲。」（《論語・述而》）用不正當手段得來的富貴，對我就如同浮雲一般。孔子對富貴的立場是能者得之，得到富貴後造福百姓。做大官必須清廉，富人應該行善。

孔子的另一段話則須費心理解，「富與貴，是人之所欲也；不以其道得之，不處也。貧與賤，是人所惡也；不以其道得之，不去也。」（《論語・里仁》）這是孔子的基本態度。富有與尊貴，是每一個人都想要的，但如果不依正當的途徑加於君子身上，他不會接受。貧窮與卑微，是每一個人都討厭的；但如果不依正當的途徑加於君子身上，他是不會逃避的。為什麼富貴不以其道得之，我不要，貧賤不以其道得之，我卻不推開？先說什麼樣叫作「不以正當途徑」加在君子身上？譬如，在《論語》中孔子說柳下惠非常傑出，別人把他的官位奪走了，這使得柳下惠繼續處於貧賤之中，但是柳下惠不會逃避。為什麼？因為儒家了解富貴與貧賤都是外在的，富貴所帶來的欲望與誘惑，可能為我們的人生正途帶來更大的阻礙。一個人處於貧賤之中，他的欲望自然較少，反而比富貴之人更容易堅持他的原則。孔子說過：「君子固窮，小人窮斯濫矣。」（《論語・衛靈公》）君子在窮困的時候堅持原則，小人一窮困就無所不為了。所以貧窮是一個考驗，孔子說：「歲寒，然後知松柏之後凋也。」天氣寒冷時，才知道松樹柏樹是最後凋零的。富貴本身不算什麼考驗，最重要的是不要因此而墮落。所以孟子說過：「富貴不能淫，貧賤不能移，威武不能屈，此之謂大丈夫。」（《孟子・滕文公下》）富貴不耽溺，貧賤不變節，威武不屈服，這樣才是大丈夫。孔子也說過：「士志於道，而恥惡衣惡食者，未足與議也。」（《論語・里仁》）一個讀書人立志求道，如果以粗糙的食物與衣服為恥，就不值得與他多談了。所謂「君子謀道不謀食」，君子追求的是道，而不是食物；「憂道不憂貧」，他擔心的是道沒有實踐，而不是貧窮（《論語・衛靈公》）。所以儒家了解人間有富貴與貧賤，不能說儒家都反對富貴，富貴是每個人的願望，但是手段要正當；貧賤誰都討厭，但是有時候貧賤也是不得已。

對於富貴和貧賤，我們可以從三點來看：第一，富貴是有命定性的。什麼叫命定性呢？命中注定。很多人都羨慕含著金湯匙出生的人，其實不用羨慕；有些人生下來什麼都沒有，像孔子說自己「少也賤」，就是非常卑微窮困，這是命定的。子夏曾轉述孔子所說的「死生有命，富貴在天」（《論語・顏淵》）我們都希望好人長壽，如顏淵，孔子也希望他能長壽，但是他只活到四十歲。「天」代表人力不能控制的。再看財富，你生在這個時代，成年的時候正好經濟繁榮，做什麼生意都賺錢，但也許十年以後經濟不景氣，再努力十倍也賺不到錢。這叫作時也，運也，命也。所以，我們要了解，富貴有它的命定性，不是你可以強求的，既然如此，就看開一點，「得之，我幸；不得，我命。」

第二，富貴有它的合法性問題，不能為了富貴而不擇手段。什麼叫合法性呢？如果把富貴當成人生一定要得到的目標，因而不擇手段，這就是不義而富且貴。如果以富貴為非有不可，那就很可怕了。既得之，又患失之，所以多少人為了富貴而使生命四分五裂，不堪設想。有人說：「人為財死，鳥為食亡。」賺錢與吃飯雖是必要的，但仍要適時適地自我約束。西方有一句名言：「要發財，最好的途徑是降低欲望。」欲望一降低，馬上覺得自己無所欠缺。

第三，富貴有它的終結性，它注定會結束。我們有時候談到人生問題，會用八個字「生不帶來，死不帶去」。雖然很簡單，好像也很消極，但也有一些道理啊！哪一個人出生的時候不是呱呱落地，哭幾聲代表我來了？走的時候帶得愈多愈危險，將來有人盜墓，不得安寧。既然如此，就要明白富貴有什麼用。富貴讓你有機會幫助別人，這才是儒家的理想。

我曾說過子貢的一段故事，別人為老師守三年之喪，但是他再多守三年，為什麼？有兩個原因，第一，他非常敬愛老師，捨不得老師真的從此長眠。第二，他比較富有。他做生意發了財，當時做生意需要官府的特許，但是春秋末期天下開始亂了，很多規矩也鬆散了。子貢沒有得到官府的命令，就自己做生意，他有敏銳的直覺，猜測什麼物價會漲，什麼就真的漲，因此而發了財。子貢本來很窮，後來做生意賺了不少錢。他體驗過兩種不同的生活，感觸就特別深。他請教孔子：「貧而無諂，富而無驕，何如？」（《論語・學而》）他說，貧窮而不諂媚，富有而不驕傲，這樣的表現如何？

孔子這位老師真是讓人佩服，他說：「可也，未若貧而樂道，富而好禮者也。」他說，還可以，但是比不上貧窮而樂於行道，富有而崇尚禮儀的人。孔子為什麼偉大？因為學生說的是「無諂、無驕」，「無」代表不要這樣、不要那樣，孔子說的是要這樣、要那樣，把消極變成積極，生命又充滿動力。有的《論語》版本只有「未若貧而樂」，沒有「道」字。其實前半段講「貧而無諂，富而無驕」，後半段就是「貧而樂道，富而好禮」，正好對稱。並且，貧而樂，如果沒有道的話，樂什麼？貧窮一定有道，才能快樂。《莊子》裡面談到顏淵不去做官，他說「老師的道讓我快樂」，什麼道呢？就是真誠引發力量，由內而發做自己該做的事，這個要求是做不完的，因為人際關係是多重性的、複雜性的。譬如，從小做一個好兒子，結了婚做一個好丈夫，有子女後就做一個好父親，與朋友往來做一個好的朋友，這些永遠做不完的啊！人了解「道」之後就會繼續努力，所以「貧而樂道」才是正確的，它與「富而好禮」是相對的。貧窮而想講究禮儀是很困難的，因為禮儀需要花錢，一般老百姓不易行禮如儀，因為有各種必要的規格與裝備。

孔子講完這段話之後，子貢立刻說：「《詩》云：『如切如磋，如琢如磨。』其斯之謂與？」《詩經》上說：「就如修整骨角與玉石，要不斷切磋琢磨，精益求精。老師是這個意思吧？」孔子非常高興，說：「賜也，始可與言《詩》已矣！告諸往而知來者。」孔子教學的原則就是「告諸往而知來者」。學習一定要融會貫通，像子貢一樣，老師告訴你一件事，你可以自行發揮，領悟另一件事。而不是學了《詩經》，然後學習新的知識時，就把它擱在一旁。什麼叫作精益求精呢？就是「不錯，但是不夠」，「好了，還要更好」。所以孔子作為一個老師，確實讓人佩服。

《論語》中，許多語句都非常簡短，我們因而要仔細分辨孔子的意思。他為什麼這樣說？背後有什麼可能的情況？這些想通了後，才可明白孔子的卓越，因為很多對話無法預演，必須即問即答。這考驗一個人的思慮是否周延，否則很容易前後矛盾。孔子非但沒有矛盾，反而針對同一個問題常有不同的答案，整合起來仍形成一個完整的立場，這就是孔子的傑出之處。

儒家對於人間的富貴名利是肯定的，既然主張入世，當然要尊重社會共同認定的價值。但儒家強調富貴不是目的，而是結果。譬如，我今天去工作而得到工資，工資是我工作的結果，不是目的，如果我工作的目的是為了得到工資，是不會真正快樂的。因為如果目的是工資，工作就變成一個手段。如果工作是要發揮能力，在社會上某一單位、某一部門，盡好我的責任，創造好的業績，那麼後面得到的工資就是一個自然的結果。所以，必須把富貴當成結果，而不能當成目的。把富貴當成目的，就可能為了目的而不擇手段。把它當成結果的話，工作本身就有它的價值，但是否能因而得到富貴呢？只有隨遇而安了。儒家這種人生態度，有一套完整的理論作為基礎。

## 孔子的志向：老者安之，朋友信之，少者懷之

接著要從孔子與弟子的志向來看，說明儒家修養的幾個層次。《論語・公冶長》有一段資料。「顏淵、季路侍。子曰：『盍各言爾志？』」顏淵與子路在孔子身邊站著，孔子說，何不談談你們的志向？孔子問畢，子路立刻回答。一方面他年紀比較大，小孔子九歲，而顏淵小孔子三十歲，所以子路大顏淵二十一歲，當然先回話了。他說：「願車馬衣裘，與朋友共敝之而無憾。」子路很了不起，車、馬、衣服、棉袍，與朋友共享，即使用壞了也沒有任何遺憾。他重視朋友超過財物，希望能夠讓朋友間的情義充分實現出來。

顏淵作為孔子的學生，是德行科第一名，又是最好學的學生，他的志向是「願無伐善，無施勞。」簡單的七個字，非常明確。第一，不要誇耀自己的優點。代表他不膨脹自我，也不會自以為是；第二，不要將勞苦之事推給別人。很多人認為顏淵之意是「不要張揚自己的功勞」，但顏淵沒當過官，也沒錢造橋鋪路，哪裡有功勞可言？所以，無施勞的「施」是「己所不欲，勿施於人」的「施」，勞就是勞苦。顏淵的志向聽起來很平凡，不要誇耀自己的優點，不要把勞苦之事推給別人，但這就是高度的修養，化解自我的執著，設法追求無私的境界。所以顏淵希望達到超越自我的境界顯然比子路更高，為什麼？因為子路重視的是朋友，誰的朋友？子路的朋友，你跟子路不認識，他不會借你車的。顏淵則是將自我化解，與任何人都可以往來，照顧天下每一個人。這當然是更難達到的境界。

顏淵言畢，子路請教老師的志向，「願聞子之志」希望聽聽老師的志向。孔子立刻回答：「老者安之，朋友信之，少者懷之。」子路重視朋友超過財物，有情有義；顏淵化解自我的執著，無私地關懷天下每一個人。孔子則是止於至善，追求天下大同。設法以一己的力量讓天下老年人都得到安養，朋友們都互相信賴，青少年都得到照顧。

孔子的志向是幻想嗎？這十二個字自古至今從來沒有實現過。他為什麼提出一個從來沒有被實現過，將來也不太可能實現的理想作為志向呢？孔子肯定人性向善，人只要真誠，就會發現力量由內而發，要求做自己該做的事。該做的事稱為善，善就是我與別人之間適當關係的實現。這個定義是如何來的？我們只要分析一下儒家所謂的善，像「孝悌忠信」這四個字，就會發現每一個字都牽涉到我跟別人的關係。孝是我與父母間的適當關係；悌是我與兄弟姊妹間的適當關係；忠是我與長官、上司之間的適當關係；信是我與朋友間的適當關係，沒有例外。儒家所說的善落實於與人互動，在儒家的觀念中沒有關起門的聖人。如果有一個人自稱是儒家，卻把門關起來不與別人來往，那就不是儒家，有可能是道家。

我與別人間的適當關係叫作「善」的話，那麼「人性向善」該怎麼理解呢？只要我有辦法，就要讓每一個「別人」（我之外的人統統是別人）都能安頓，所以孔子的志向，完全符合「人性向善」的基本設定，也就是所謂的「己欲立而立人，己欲達而達人。」的意思。他其實希望天下人都有這樣的志向，按照個人能力大小，照顧的人愈來愈多。一個人當然無法照顧所有的天下人，但天下人明白這個道理之後，都會從照顧自己、自己家人、朋友親戚，再往外推展，這樣天下不是也走向大同了嗎？

所以這是孔子入世情懷背後真正的根據。這樣的想法還有其他例子能夠說明，我們都知道「堯天舜日」，古代把堯舜推到最高境界，《論語・憲問》孔子回答子路問君子，他說：「修己以安百姓，堯舜其猶病諸。」修養自己，最終可以安頓所有的百姓，這是連堯與舜都覺得很難做到的事。其實我們知道，政治領袖照顧了這一代，新的一代又出現了。你照顧好這一邊的人，那一邊的人也需要照顧。所以，如果不像孔子所說的，推廣他的學說，讓每一個人都能站穩的話，即使讓堯與舜這樣的人來照顧，還是很辛苦的，因為天下人生生不息，實在太多了。

《論語・雍也》子貢問：「如有博施於民而能濟眾，何如？可謂仁乎？」」。孔子回答說：「何事於仁，必也聖乎！堯舜其猶病諸！」像堯、舜一樣，要做到內聖外王。仁的第一義是「人之性」向善；第二義是「人之道」擇善固執；聖是「仁」的第三義「人之成」的描述。人之成必有偉大的效應，就是由於一人「充分實現」其向善之性，達到天下大同的美境。這裡再補充說明：「善」是人與人之間適當關係的實現。因此，一人與天下人之間皆有適當關係，博施濟眾是一切人際關係之實現，堯舜是這樣的帝王，卻還覺得這種要求難以做到。接著孔子說：「夫仁者，己欲立而立人，己欲達而達人。能近取譬，可謂仁之方也已。」所謂行仁，就是在自己想安穩立足時，也幫助別人安穩立足，在自己想進展通達時，也幫助別人進展通達。能夠從自己的情況來設想如何與人相處，可說是行仁的方法。我們常常記得「己所不欲，勿施於人」，我不願別人怎麼對我，我也不要這麼對別人，接著後面說「我要如何站穩通達，並幫助別人也能站穩通達。」從消極又變積極了。設身處地為別人著想，就是「假如我是你，我會怎麼做。」替別人設想，這就是孔子的方法，這就是我們走上人生正路的方法。

談到儒家對社會的關懷，我們特別提到，儒家與隱士的不同之處。孔子和他的弟子們，有學問、有能力，如果要隱居的話，其實能過著舒服的生活。但是他選擇投入社會。周遊列國雖然辛苦，但他認為苦中有樂。他追求名利富貴是為了照顧百姓，得不到也不抱怨，不怨天、不尤人，還是做他該做的事，設法透過教育，讓這個理想得以代代相傳。孔子最高的目標是實現他的志向，但那是一個理想。人的世界不能沒有理想，沒有理想的話，人生就失去了方向；沒有方向的話，原地打轉，後果不堪設想。所以理想的存在，是為了給我們方向，給我們奮鬥的動力及勇氣。儒家的學派就是以此作為目標，大家互相鼓勵來改善這個社會，並且從改善自己開始。

# 主題三：展現人文之美

# 第一講：全人教育的理想

孔子的教育觀是「全人教育」的理想。《尚書．泰誓》說：「天降下民，作之君，作之師。」國君與老師並列，是因為上天生下眾多平凡百姓，不一定有機會了解人生的道理。所以，促使人類社會的進步，就需要「以先知覺後知，以先覺覺後覺。」（《孟子．萬章下》）意即，有些人先知先覺，了解人生的應行之道，知道人活在世界上應該如何，才能達成「人」存在的目的；有些人是後知後覺，需要別人啟發、開導，然後社會才能步上正軌。所以，一個社會重視教育，未來才有希望。古代把國君與老師並列，因為最好的國君，本身就是老師，這是德治的理想，老百姓可以直接效法他。但國家的範圍愈來愈大，人民愈來愈多，就必須分工合作，老師因而變成一項專門的工作了。

柏拉圖的《理想國》裡，也將負責教育的官員擺在最重要的位置，因為如果不注重教育，人民就不知道要往何處發展？許多興盛的國家或朝代走向衰亡，也是因為忽略教育。當然，光靠教育還不夠，還須問有什麼樣的教育。我們常常聽到「學好數理化，走遍天下都不怕。」數理化屬於智育，一般稱為「學科」。本來教育強調「德智體群美」五育，但因為升學的壓力，最後都把重點放在智育上。當然，一個社會也是有競爭才有進步，如果不重視學習與理解，恐怕也會落後於其他國家。不過，如果其他四育都偏廢了，恐怕更有問題。

現代人講究三種智商，第一，學習智商（IQ），決定一個人適合學哪一科，發展較佳；第二，情緒智商（EQ），能夠與他人妥當溝通，協調彼此的心意，以便和諧相處。第三，逆境智商（AQ），處在逆境時，怎樣才能不受干擾，繼續堅持奮鬥的目標。AQ的A是指逆境。英文叫作adversity。這三種都與個人的生命發展有關。孔子在兩千多年前就很有遠見、也清楚地主張「全人教育」。全人教育就是：一，人才教育；二，人格教育；三，人文教育，如此一來，人的生命就完整了。

## 人才教育：用之於外

先談人才教育，古代讀書人的目的是要當官，當時的社會分工有限，讀書人具備專業的知識與能力，可以為百姓服務。一般老百姓受教育只到十五歲為止，貴族子弟可以上大學，是為將來當官做準備。春秋時代末期天下混亂，孔子開始私人辦學，也招收很多民間的學生，也教類似的科目，並且教得比大學的更好，所以孔子的學生人才輩出，甚至很多國君或執政的官員都向孔子請問：「有什麼好學生可以推薦給我？」

孔子的學生在做官方面是很受到肯定的，當官需要什麼條件呢？《論語・雍也》記載季康子問孔子的三個學生適合當官嗎？第一位是子路，原文如下：

季康子問：「仲由可使從政也與？」子曰：「由也果，於從政乎何有？」仲由就是子路，他個性非常豪爽，是俠客型，能力也很強。果即果決，譬如，審判案件要能立刻做出判斷是很不容易的，子路就做到了。孔子說他「片言可以折獄者，其由也與。」（《論語・顏淵》）這段話有兩種翻譯，第一種說「三言兩語就能判案的，大概只有子路吧。」另外一種說「聽片面之詞就可以判斷案件，大概就是子路吧。」什麼叫作片面之詞呢？訴訟一定是兩造，如果有一方人還沒來，或者是有一方人還沒說話，但子路光聽一方人說話，就知道誰對誰錯。這點很特別，所以孔子才說，大概就只有子路做得到。其次，第二位是子貢。孔子的回答是「賜也達，於從政乎何有？」說子貢識見通達，任何事情都能處理。通達就是「有路可以走」。其實一個社會發生任何問題，一定有解決的方案，眼前如果沒有，可能只是尚未找到，只好以拖代變，但還是要掌握變的契機。子貢是孔子學生中言語科的高材生，代表他很聰明，很多時候，說話就可以解決問題。事實也證明孔子過世後，子貢在魯國擔任外交官，能讓國勢較弱的魯國，和其他各強國和平相處。

第三位同學是冉有。冉有個性比較懦弱。孔子說：「求也藝，於從政乎何有？」冉有多才多藝，做官也沒有問題。什麼是多才多藝呢？有些人能把上上下下該注意的事情都注意到，不足處也能安排得當，這就是多才多藝。

在〈先進篇〉中，季子然問孔子：「仲由、冉求可謂大臣與？」孔子認為他們只是「具臣」（專業的臣子）。因為孔子認為「大臣」的條件是「以道事君，不可則止。」用正道來服侍國君，如果與國君無法配合就辭職。大臣對於國君，有制衡約束的作用。我當大臣，你是國君，我們都要以正道作為共同的目標。換句話說，在儒家的思想裡，從來就沒有專制的暴君可以一意孤行的。

孔子的標準很高，有些學生也知道老師標準高，就不太敢做官了。《論語》中有兩個例子，一是〈雍也篇〉的「季氏使閔子騫為費宰」。閔子騫是孝子，也是孔子德行科第二名的學生。他非常傑出，魯國最有權力的大夫季氏，想找閔子騫當縣長。閔子騫立刻推辭，並表示若再找他，他就逃出汶水以北，出魯國邊境。為什麼他要逃走？因為他知道季氏不是正派人物。最初魯桓公把他的君位傳給嫡長子，但他還有三個兒子，結果魯桓公過世後，魯國就分了四份，另外三份稱作三桓，因為都是桓公的子孫。古代封建制度規定，只有嫡長子可以繼承君位，其他的兒子可以封為卿，世代為卿；結果卿的權力愈來愈大，甚至超過魯國國君。季氏野心很大，八佾舞於庭就是他做出來的事，並且在撤出祭品時讓人唱著〈雍詩〉，讓孔子非常難過。〈雍詩〉是《詩經》中的一篇，是天子祭祀完畢才能唱的，所以孔子認為季氏「歌雍舞佾」的作為，嚴重違背了禮制，而閔子騫不願意追隨這種人。

另外在〈公冶長篇〉：「子使漆雕開仕。對曰：『啟斯之未能信。』子說。」孔子要漆雕開去做官，但他對自己還沒有自信，孔子很開心。孔子高興的原因是：啟能反省及了解自己，知道尚須進德修業，而不急著做官。這種自我要求的態度是孔子樂見的。

孔子培養人才有一定的標準和訓練內容，讓他們各自發展其特殊專長，大抵上是內政、外交，加上負責禮儀等。孔子在與學生談出路的時候，他們的志向大部分都是做官。〈先進篇〉中，如子路、冉有、公西華，都希望為國家服務，只有曾點例外。

## 人格教育：求之於內

作為儒家學者，不能只有人才教育，還需要人格教育。人才教育是用之於外，將來可以立足於社會，找到正當的職業自食其力。人格教育則是求之於內，在道德上自我要求。但是講人格教育比較困難，因為年輕的時候尚未碰到各種考驗。譬如，我們在教室上課，說我們要行善避惡，誰不贊成呢？不要做壞事，誰會反對呢？但是進入社會，碰到具體的考驗，才知道人際關係的複雜、人心的險惡。到時候能不能抵抗誘惑呢？道德的問題無法紙上談兵。

儒家的人格教育講得最精采，因為儒家強調人性向善。從真誠引發力量，由內而發要求自己行善。只要真誠，就知道自己是道德主體。我的生命不只是為了活著，吃飯睡覺，一年一年過下去；我的生命隨時等待增加其內在價值，這個機會往往出現在別人有困難的時候。活在世界上，誰不希望平安快樂？你看到別人的痛苦，你有能力而沒有出手幫忙，心中就會有內疚感。不內疚的人，孟子就會說你「非人也」。「無惻隱之心非人也，無羞惡之心非人也，無辭讓之心非人也，無是非之心非人也。」（《孟子‧公孫丑上》）如果你聽到孟子說你非人而生氣的話，孟子會說，恭喜你，你又變成人了。因為你會生氣，有羞惡之心，代表還有希望。如果你沒感覺，那就真是非人了。非人就是不是人。雖然照樣吃飯、照樣上班、照樣過日子，但是作為人的內在價值沒有開發，白過一生。如果由真誠引發力量，由內而發不斷行善的話，這種效果就是「浩然之氣」。一個人內心坦蕩，半夜有人敲門，也不會害怕。

儒家講人格教育講得最圓滿，西方很多學派講到道德問題都有其限制，譬如，第一，效益主義。效益主義強調行為的效果，怎樣為大多數人謀求最大的福祉。舉例來說，上車「應該」排隊，因為排隊對大家都有利。大家都排隊，每一個人都上得了車。所以西方講效益主義是針對人群的生活，怎麼樣對大多數人都有利，法律是效益主義最明顯的成果。法律一定有例外，如果一視同仁，對有些人反而不公平。民主國家的選舉，也是效益主義，多一票就勝了，代表我比你多一個人支持，比較符合多數利益，所以西方講效益主義的時候，在社會生活上有它的考慮，也有它的效果。但它有兩個問題：第一，多數人的利益今天有效，但是明天呢？說不定過幾個月多數人的想法不一樣了。同樣一個規則對多數人來說，那個「多數人」可能會調整，這一次你比我多一票，說不定再過一個月我做得很好，我比你多一票，要如何隨時調整呢？第二，牽涉到計算的問題，怎麼計算？假設建設一條高速公路要經過我家門前，我當然反對，別人當然贊成。只要垃圾場、焚化爐，不要蓋在我家後院，你盡量蓋。所以多數人在計算利益的時候，很容易就損傷了少數人，對他們是不公平的，並且要以什麼標準來計算？也是很複雜的問題。

所以西方國家進行各種改革時，通常都考慮效益主義，它的原則是考慮的時候必須假設有一個「無知的帷幕」。拉下黑幕，主事者規劃這個地方怎麼發展時，絕不能考慮誰家住哪裡？規劃完成之後，一旦揭開帷幕，就不能再反悔了。這是效益主義的問題。它有一定的效果，可以讓一個社會順利運作，大家按照定期投票來計算、衡量。

第二，義務論，這是康德的主張。有人說，如果要選西方兩位哲學家為代表，古代是柏拉圖，近代則是康德。他們有兩個相同的特色。第一，都活了八十歲；第二，都沒有結婚，所以要當大哲學家，似乎必須活到八十歲又沒有結婚，才能研究有成。康德提出的道德哲學非常高尚，但有點不近人情。義務論主張：做一件事絕對不考慮效果，只考慮該不該做。所謂該不該做就是要尊重規則，因為規則是普遍的。不能考慮效果，因為一考慮效果就會忽略動機，康德認為真正的善只有一種，就是善的意志，就是我心裡的動機是為了要行善，這是唯一的善。

康德的理論到最後很極端，他主張：「行善的時候，不能感到快樂；如果行善時覺得快樂，將來就可能為了快樂而行善，不是為了行善而行善，這樣就成為效益主義了。」為了快樂而行善，是對我自己有利，康德希望你「為了行善而行善」，該行善就行善，絕對不考慮快樂與否。

西方許多學者也受不了康德，覺得他太嚴格了，並且太重形式，只重形式而忽略內容，但是人的生命是有實際內容的。譬如我們提到朋友，朋友有千萬種，而對孔子來說只有六種，三種好的，三種壞的。我們也知道朋友有各種不同的關係，若只從「朋友」這個名詞就決定該怎麼做，有時候真的是不盡人情。但是康德的學說確實增加了人們思考及反省的內容。他說「你不能只把別人當作手段來利用，應該同時也把別人當作目的來尊重。」譬如，我坐計程車，司機就是我的手段（工具），但我不能只把他當工具，我還要把他當作人來尊重。如果司機跟我聊天，我心裡只想，開車不要講話、不要吵我，這就是只把他當工具，完全忽略了他也是一個人。

其實人的社會分工合作，在某種意義上，每一個人都把別人當作某種程度的手段，這是不得已的，因為人各有所長。你的專長就是別人要用的，這個社會才能合作發展。但不能僅僅把別人當手段，這就變成純粹利用了。康德的說法值得我們重視，當我與別人交往、請別人幫忙的時候，如果我把他當成目的，事情成不成並不重要，重要的是他盡力幫忙了，這樣就不同了。如果我們與人來往，只看事情有沒有幫成：幫成了就是好朋友，沒幫成就不是好朋友。這樣就是效益主義，以效果來作為決定價值的標準。參考康德的想法，盡力幫忙就好，不以成敗論英雄。這樣，又很符合我們一般人內心的願望。康德提出的觀念叫作「目的王國」，在人的世界上，每一個人都是目的，沒有人是手段，這是很高的理想。哲學家提出的理想不見得都能實現，但沒有理想的話，人的社會要往哪裡走？

第三，德行論。德行論比較接近儒家的思想，強調德行不是與生俱有的，需要慢慢培養好的生活習慣，所以我們在教育子女的時候不要好高騖遠。希望孩子瞬間擁有獨立的人格，這是不可能的。要讓他行善，得從培養好的生活習慣著手，譬如，要尊重別人，坐車的時候看到老人要讓座，如此養成習慣。外在的習慣漸漸會內化為自發的行動。

德行論是亞里斯多德提出來的。亞里斯多德認為好的德行就是好的生活習慣，人始終會思考、衡量自己的言行對別人產生的效果。同時，自我要求，最後會形成一種好的氣質。因此，行善並非忽然行大善，而是慢慢累積小善，若是遇到大的機緣就能做大善，壞事也是一樣。這就是「勿以善小而不為，勿以惡小而為之」。所以，儒家哲學比起西方哲學，更強調真誠，真誠引發力量，由內而發，然後再選擇人格成長的環境。社會上該如何規劃，可以參考西方學說，因為西方學說的特色是「與時俱進」，配合社會的情況。但有時候也因為太容易調適，而缺乏內在的原則。西方對人性的了解，從近代，甚至從中世紀以來都受到基督宗教的影響，認為人生下來就有缺陷，是為原罪。因此，對於人的要求總覺得不能放心，所以他們的法律規範非常嚴格，認定如果社會沒有規範，人就可能做壞事。相反的，儒家認為「人性本善」，人自己會做好事。但「人性本善」的「本」很難落實，所以我強調「人性向善」才是孔孟的想法。儒家強調「真誠」，真誠之時才是一個真正的人，自然而然產生自我要求的力量，會主動去做該做的事。

## 人文教育：當下自化

那麼，要怎麼樣培養人格教育呢？在《論語・子罕》中提到「知者不惑、仁者不憂、勇者不懼。」這種不惑、不憂、不懼都是培養人格的重要關鍵。我們先說什麼叫不惑？孔子說「四十而不惑」（《論語・為政》），何謂不惑呢？《論語》有兩個段落，學生請教什麼是「惑」？第一個學生是子張。在〈顏淵篇〉他請教「崇德辨惑」，孔子答說，情緒的問題要掌握好。對同一個人「愛之欲其生，惡之欲其死，既欲其生又欲其死，是惑也。」意即對同一個人，愛他的時候希望他一直活下去，恨他的時候希望他立刻死掉，對同一個人又要他活又要他死，這叫作惑。

孔子談到不惑，是指不要讓情緒主導自己。情感激動，容易陷於困惑中，所以要練習調節情緒。另一弟子樊遲也來請教如何辨別迷惑？孔子說：「一朝之忿，忘其身以及其親，非惑與？」（《論語・顏淵》）意即：因為一時的憤怒就忘記自己的處境與父母的安危，不正是迷惑嗎？憤怒是所有情緒中最有力量的，所以孔子認為，培養好的人格要從情緒著手，要能知者不惑、仁者不憂、勇者不懼。仁者為什麼不憂呢？一個人做好事，行仁，行善，他就能沒有憂愁，因為所做之事情都是應當做的，因此不須擔心。真正勇敢的人，是無懼的，因為他心胸坦然，了解自己的能力範圍。西方近代哲學家笛卡兒的座右銘很簡單，他說「不讓我的欲望超過我的能力範圍」，這樣就自然會快樂了。

我們最怕欲望超過能力範圍，心想而事不成，最後天下大亂。不惑、不憂、不懼，都是自我的訓練。有關人文教育，我們下一講再接著介紹。

# 第二講：詩為教化之始

孔子教學的材料之一是《詩經》，詩是教化之始。古代的五經就是《詩》、《書》、《禮》、《樂》、《易》。詩經屬於文學，有三百一十一篇，來自於各地採集的民謠，以及國家正式祭典的頌詞。所以，該如何理解《詩經》的內容呢？孔子的教學又有何與眾不同之處？《詩經》作為文學，在教育上有什麼效果呢？

《詩經》所反映的是一般人日常生活的感受，孔子說：「《詩》三百，一言以蔽之，曰：思無邪。」（《論語．為政》）意即《詩經》三百多篇，用一句話來概括，就是「思無邪」。「思無邪」是什麼意思？思想純正無邪嗎？這是不對的，因為《詩經》與思想無關。思想必定有一個主體，是誰的思想呢？如果是「作者」的思想純正無邪，《詩經》三百篇都是各地的歌謠，大家早已琅琅上口，但不確定作者是誰。如果是「編者」的思想無邪，有人認為孔子是它的編輯者，但迄今並無定論，且編輯的人思想無邪和讀者有什麼關係呢？第三種可能性是「讀者」的思想純正無邪，那還得了？讀《詩經》還要先考慮思想純正嗎？

所以，把「思無邪」解讀為「思想純正無邪」是不正確的，它並不談思想，因為不是哲學作品。文學談的是情感的真正表露，喜怒哀樂等人生的真實體驗。稍加研究就知道，「思無邪」來自《詩經・魯頌・駉篇》，「駉」是形容魯君的馬向前直行，非常健壯。「思」是語首助詞，在《詩經》出現很多，它沒有特定的意思，只是語助詞，有時在句首，有時在句尾。《詩經》裡很多字都是沒有意思的。無「邪」的邪和斜相通，指馬向前奔行時，不能隨便偏斜，避免摔倒。就像開快車時，一轉彎就可能翻車。所以，孔子就用「思無邪」來描寫整部《詩經》，他要表達的是「一切都出於真誠的情感」。文學最重視真誠的情感。文學最怕矯揉造作、虛偽、無病呻吟。好的文學作品能感動人的理由是真誠。

## 真實情感的表現

《詩經》三百多篇，每一篇都反應真實的生活及情感。孔子教學生時總會提到第一篇，「關關雎鳩，在河之洲；窈窕淑女，君子好逑。」這與思想何關？它不論反應民間生活或宮廷生活，都是在表達真實的情感。如此解釋，就能理解孔子為什麼叫弟子學《詩》，以及為什麼他說教育有三件事最重要：興於《詩》、立於《禮》、成於《樂》。我們比較熟悉「立於禮」，立身處事要合乎禮儀。「成於樂」，這一生的完成要靠「樂」來達到最高目標，因為音樂讓一切進入和諧狀態。「興」於詩，是指振興的興，復興的興，從《詩》開始，恢復自己純潔、真誠的情感。人生的出發點就是真誠，但是我們進入社會後，受到社會風氣所影響，可能早就忘了自己真誠的心。所以，孔子要學生學《詩》的目的，是要他們重新恢復原始的情感。人到中年，想到年少時的理想與熱忱，就能重新振作，唯有真誠能引發真誠。當你閱讀《詩經》時，就能呼應年少純潔的懷抱。無論年紀多大，好像回到人類原始的情感中最真實的一面。《詩》三百篇，用一句話來概括，就是一切皆出於真實情感。

真實的情感該如何表達？孔子說：「《關雎》，樂而不淫，哀而不傷。」（《論語・八佾》）意即《關雎》這幾首詩的演奏，聽起來快樂而不至於沉溺，悲哀而不至於傷痛。哀樂能夠適當，所指的也是真誠的情緒。

魏晉時期，社會動亂，學者中有所謂「竹林七賢」。他們態度瀟灑，笑傲山林。阮籍是其中之一，他不喜歡社會上的禮儀及法律，所以母親過世時，他照樣吃肉喝酒，旁人看不過去。但當母親出殯時，他一哭就吐血，其實母親過世怎麼可能不傷心？但是他強忍心中的哀傷，表面裝作與別人不同，內心其實是很悲傷的，這樣就是過度了。孔子強調情感要「發而皆中節」，喜怒哀樂是自然的情感但是不要過度，過度就會傷到自己的生命。

孔子做任何事都是非常適當的。只有一次是因為顏淵死了，被學生誤會他過於悲傷。孔子晚年時，歷經兒子、顏淵、子路三人死亡之巨大傷痛。「顏淵死，子哭之慟。從者曰：『子慟矣！』曰：『有慟乎？非夫人之為慟而誰為？』」（《論語・先進十一》）「慟」代表哭得非常傷心。學生們知道老師平常講情感要發而皆中節，就提醒老師別過度傷心，孔子反而說：「不為這樣的人過度傷心，我要為誰哭得太傷心呢？」顏淵是他最好的學生，因此，外在的規定反而不能符合他內心自然情感的要求，所以孔子才會如此說。只是，這些話也讓學生們有壓力，言下之意，若是其他的學生過世，孔子就不會這麼傷心。

孔子教自己的兒子伯魚，說：「不學《詩》，無以言。」（《論語・季氏》）意即不學詩經的話，就沒有說話的憑藉。多少人不學《詩經》照樣說話，所以無以的「以」是憑藉。孔子說過「言之無文，行而不遠。」（《左傳》）說的話不夠文雅，就無法流傳久遠。孔子也曾對伯魚說：「女為《周南》、《召南》矣乎？人而不為《周南》、《召南》，其猶正牆面而立也與！」意即你仔細讀過《周南》、《召南》了嗎？一個人如果不曾仔細讀過

《周南》、《召南》，就像面朝牆壁站著的人，亦即什麼都看不到。《詩經》分為風、雅、頌三部分，風按地區分為十五國風，《周南》、《召南》居十五國風之首。二南內容側重夫婦相處之道，有勉人修身齊家之意。

## 文質彬彬的言行

孔子認為，學習《詩經》是為了了解做人處事的道理，它的內容包含各種人情世故。如果覺悟人生沒有長期的歡樂，也沒有長期的痛苦，就能明白如何做人處事。但是，必須活學活用。孔子說：「誦《詩》三百，授之以政，不達；使於四方，不能專對；雖多，亦奚以為？」（《論語‧子路》）古代的大使「受命不受辭」，國君只給命令，不會給談判的言詞，所以大使必須自己想辦法。所以，如果《詩經》三百篇都熟讀了，給他政治任務，無法順利完成；派他出使外國，不能獨當一面；這樣即使讀再多書，又有何用呢？孔子強調學習之後要能思考，思考後可以覺悟，覺悟之後則用在生活、政治上。由此可見，讀《詩》是古代從政之前的基本修養。

孔子說：「小子何莫學夫《詩》？《詩》，可以興，可以觀，可以群，可以怨。邇之事父，遠之事君，多識於鳥獸草木之名。」（《論語‧陽貨》）小子是指年輕人，孔子說：「同學們為什麼不學《詩》呢？《詩》可以抒發真誠的心意，可以觀察自己的志節，可以溝通人與人之間的情感，可以諷諫怨刺不平的事。學了《詩》，近的懂得如何侍奉父母；遠的懂得如何侍奉君主。此外，還能廣泛認識草木鳥獸。」

「怨」是《論語》中談到情感時出現最多次的字，共二十次。人怎麼可能不抱怨呢？任何事情，只要不順心或與人來往產生誤會，都會抱怨。抱怨是很平常的事，重點在於如何紓解，否則怎麼樣都不會快樂。讀《詩經》會發現懷才不遇、深受委屈的非常多。《詩經》還有批評天的句子「視天夢夢」，看到天如同做夢一般，怎麼讓好人吃苦，壞人得意呢？人與人如果互相傷害，不知道互相尊重，難道不怕天嗎？所以，讀《詩經》能幫助我們化解怨氣，調節情緒。

學了《詩經》後，就能了解如何與父母、國君相處，思考周到，情感豐富。譬如，當你讀到「無父何怙，無母何恃，出則銜恤，入則靡至。父兮生我，母兮鞠我。」（《詩經．蓼莪》）能不孝順嗎？也因而了解國家不能沒有領袖；沒有國君，國家無法發展。《詩經》的鳥獸草木加起來五百多種，而我們生長的地區，生物的種類有限，所以讀《詩經》就能多認識鳥獸草木之名與他們的特性，豐富我們的視野；此外，還能讓人對生物界抱持同情心，各種昆蟲、植物、動物被引用來形容人的生命情況，非常生動。文學作品的珍貴性在於它能夠虛構，善用比喻或寓言來烘托出人的生命情境。

學生們如果引用《詩經》與孔子討論，他會特別開心。譬如，子貢問孔子：「貧而無諂，富而無驕，何如？」孔子的答案是：「不如貧而樂道，富而好禮。」子貢立刻想到《詩經》的「如切如磋，如琢如磨」。也就是精益求精。他引用這句話，有畫龍點睛的效果，從消極到積極，使人生充滿希望，所以孔子對子貢非常稱讚。

另一位獲得孔子讚許的是子夏。子夏和子游都是文學科的高材生，對於文獻非常熟悉。子夏談《詩經・衛風・碩人》「巧笑倩兮，美目盼兮，素以為絢兮」的意思，這段對話，不僅是表面的問題，還有完整的思考系統，值得我們深入了解，這一章連南宋的朱熹也誤解了。這段話原來是讚美衛莊公妻子莊姜，子夏問：「笑咪咪的臉真好看，滴溜溜的眼真可愛，白色的衣服穿上去就非常絢爛了。這什麼意思？」子夏問，為什麼白色的衣服能使她很亮麗呢？其實，從字面上就知道說的是「麗質天生」，一個漂亮的女孩子，不用穿彩色的衣服也非常亮麗。孔子回答他「繪事後素」（《論語・八佾》），繪畫時，最後才上白色。

朱熹是南宋人，當時已經有品質很好的宣紙，宣紙是白的，所以朱熹把孔子的話加上一個字，變成「繪事後於素」意即：繪畫的時候先有白色的紙，再畫上色彩。但是，孔子的年代只能在絹帛上作畫，漢墓出土的也都是絹帛。《論語・衛靈公》裡也有子張把孔子的話記在衣帶上的資料。絹帛是有顏色的，在黃色中帶點咖啡色，所以畫畫的時候白色是很珍貴的顏料，各種紅的、藍的、綠的、黃的、黑的皆有，最後才上白色，可以讓各種顏色都凸顯出來。

這是古代畫畫的習慣。朱熹僅憑南宋的繪畫習慣，以為是在白色的紙上畫彩色。他完全弄反了，請看本章的下半段。

全文是：子夏問曰：「巧笑倩兮，美目盼兮，素以為絢兮，何謂也？」子曰：「繪事後素。」子夏曰：「禮後乎？」子曰：「起予者商也。始可與言《詩》已矣。」本來孔子回答「繪事後素」就可以結束談話了，但是子夏忽然之間得到靈感，就加了「禮後乎」三個字，禮儀是以後才有的嗎？這句話太精采了。孔子雖說「三人行必有我師」，到處向別人請教，但是孔子是研究《詩經》的權威，居然說：「能夠啟發我的就是子夏，以後能同子夏談論《詩經》了。」孔子的歡喜之情，配合了高度的稱讚，這是為什麼？

一般人都把禮當作彩色，行禮如儀，彬彬有禮，但其實禮是白色的。禮的本質在於仁，也就是「真誠」。有真誠的情感，才需要禮儀的表現。如果內在沒有真誠的情感，只有外在的禮儀，則是虛偽。所以孔子說：「禮云禮云，玉帛云乎哉？樂云樂云，鐘鼓云乎哉？」（《論語・陽貨》）意即：我們說禮啊禮啊，難道只是在說玉帛這些用來作祭祀的供品嗎？我們說樂啊樂啊，難道只是在說鐘鼓這些樂器嗎？他還說：「人而不仁，如禮何？人而不仁，如樂何？」一個人沒有真誠的心，能用禮做什麼呢？一個人沒有真誠的心，能用樂做什麼呢？代表禮樂的本質在於真誠的情感。孔子之所以稱讚子夏，就是因為他聽到繪畫的時候最後上白色，就問「禮是以後才有的嗎？」意即，人在世上，因為人性向善，本來就很美了，禮儀是後來才加上去的，就如白色一般。只要麗質天生，穿上白色的衣服，照樣非常絢爛。

《易經》裡面的賁卦，卦象是山火賁，山下有火，就是裝飾的意思。而〈易傳〉中，對這些卦的解釋也是儒家的傳統。賁卦裡面的最高境界是什麼呢？白賁。這就很有意思了，賁是裝飾品，用白色作為裝飾，是最好的裝飾。白色本身沒有顏色，才能使人的實質與內涵完全呈現出來而沒有遮蔽。一個人活在世上，只要真誠，內在向善的本性就很美了。外在的禮儀、禮貌、禮節是後天學來的。後天學得的，絕對不能取代人先天向善的美好本質。我們從這其中就可以了解孔子的觀點。

子夏在孔子的評價中，是性格比較退縮的。《論語・先進》中，子貢曾就子張與子夏的性格詢問孔子的看法，「子貢問：『師與商也孰賢？』子曰：『師也過，商也不及。』曰：『然則師愈與？』子曰：『過猶不及。』」子貢想知道子張與子夏誰比較傑出？孔子說，子張（師）因為求好心切，以致於做事常過度；子夏（商）的個性較為退縮，對於沒有準備好的事，往往就不做了。子貢認為過比不及好吧！但是孔子卻說「過猶不及」，這句話現在還通用，過度與不足都不妥當。

## 君子以文會友，以友輔仁

文學作為教育的內容，目的是要讓學生能夠保存或恢復純潔的情感。人生最可貴的就是真誠，可以透過教育促成的，則是閱讀《詩經》，所以孔子把《詩經》當作教化的開始，對於治理國家有相當大的作用。一個國家有詩教的話，則能產生溫柔敦厚的社會風氣。孔子是哲學家，但是對文學也十分肯定，也非常認同文學的效果。

子游、子夏都列屬文學科，子游擔任武城的縣長時，有一次孔子帶著學生經過，聽到城裡傳來弦歌之聲，孔子聽了莞爾而笑。整部《論語》只有在此處出現孔子的笑容，這段內容出現在〈陽貨篇〉。子之武城，聞弦歌之聲，夫子莞爾而笑曰：「割雞焉用牛刀？」子游對曰：「昔者，偃也聞諸夫子曰：『君子學道則愛人；小人學道則易使也。』」子曰：「二三子！偃之言是也；前言戲之耳！」孔子笑完之後說：「割雞焉用牛刀？」殺雞何必要用宰牛的刀？意即小題大做了吧！結果子游聽到了，就向老師抱怨，以前聽您說過：「做官的學習人生道理，就會愛護百姓；一般百姓學習人生道理，就容易服從政令。」孔子立刻就笑一笑，然後說：「各位同學，偃的話是對的，我剛才只是同他開玩笑啊！」

一般人認為孔子很嚴肅，不苟言笑，但其實他也很有幽默感。學生如果與他意見不同，會提出抗議，他也會認錯。譬如，周遊列國的時候，有一次情況危急，慌亂之中顏淵走散了。顏淵不見可是大事，孔子很著急，就慢慢走。第二天，顏淵趕來了，孔子非常高興，一時之間忘記修飾言詞，直接問：「你昨天不見了，我以為你遇害死了。」顏淵說：「老師，您還活著，我怎麼敢死呢？」這一段在〈先進篇〉，子畏於匡，顏淵後。子曰：「子在，回何敢死？」我們真希望顏淵的話能夠兌現，讓他可以發展孔子的思想。這是他們師生之間的默契，一起生活、工作、周遊列國、逃難。他們除了是師生，也是患難之交、生死之交，這就是他們情感深厚之處。

孔子被匡城的人所圍困，生命有危險，差點被殺。孔子說：「文王既沒，文不在茲乎？天之將喪斯文也，後死者不得與於斯文也；天之未喪斯文也，匡人其如予何？」（《論語・子罕》）周文王死了以後，文化傳統不都在我這裡嗎？天如果要廢棄這種文化，後代的人就失去學習文化的機會；上天如果不希望文化傳統消失，匡城人民能對我怎麼樣？朱熹的學生在《朱子語類》記載朱熹講述《論語》時，說孔子有天命在身，別人不能隨便殺他。學生很聰明，就問：萬一那些暴民衝進來之後把孔子給殺了呢？朱熹說不可能，孔子有天命在身，不可能被殺。學生就說，那萬一被殺怎麼辦呢？朱熹說，那也只好認了。

匡人為什麼會圍困孔子，並有意殺他？因為他們誤以為孔子是陽貨。陽貨是季氏家的總管，架空魯君的權力。陽貨曾經帶兵鎮壓匡地，所以匡城的百姓都很痛恨他。他們誤會孔子的理由有二，一是孔子與陽貨體貌相似，這一點很難想像；二是替孔子駕車的學生顏刻，以前曾經替陽貨駕過車。孔子坐在車中，簾幕遮住臉，匡人只見到外面駕車的人，以為有機會報復陽貨，所以他們圍了過來。傍晚時，學生們都很緊張，張惶失措，孔子卻氣定神閒地彈著琴。匡人心想，陽貨不可能有這種文化修養，就找人打聽一下，才發現弄錯了。

孔子在晚年時，知道自己大限將至，根據《史記・孔子世家》的說法「孔子病，子貢請見。孔子方負杖逍遙於門，曰：『賜，汝來何其晚也？』孔子因歎，歌曰：『太山壞乎！梁柱摧乎！哲人萎乎！』因以涕下。謂子貢曰：『天下無道久矣，莫能宗予。夏人殯於東階，周人於西階，殷人兩柱閒。昨暮予夢坐奠兩柱之間，予始殷人也。』後七日卒。孔子年七十三，以魯哀公十六年四月己丑卒。」泰山要崩了，國家的柱子要摧毀了，一個有智慧的人要結束了。孔子了解自己的生命已到盡頭，自己的兒子、顏淵、子路都過世了，其他學生似乎無法能夠立刻推展他的思想，他因此感嘆，於是吟唱了這首歌。孔子從年輕的時候到生命的最後一幕，常用唱詩的方式來表達心意。

我們學習《論語》時，對於《詩經》的內容只需重複幾個基本觀念即可，因為孔子是一位哲學家，不是文學家。哲學家的任務是：第一，澄清概念；第二，設定判準；第三，建構系統。首先，一般人在溝通時，所使用的是「概念」。這些概念已經脫離真實的事物，隔了好幾層，而在實際使用時，也會加進其他的因素，於是概念的本義更加模糊，連說話的人都講不清楚了，所以哲學家第一個任務就是要澄清概念。上哲學課的時候，老師最喜歡問：你說的這個字詞是什麼意思？經常問 What do you mean by this word? 譬如，我們要討論「龍」，就要先說清楚是恐龍還是什麼龍，恐龍還分好多種，如果是小小的一隻，誰怕牠？但如果是暴龍，誰不怕牠？所以要說清楚。西方把龍當作惡魔的化身，或是動物界中的恐龍。中國人提到龍，則是真命天子。很多人取名叫夢龍，希望夢到龍，如果跟外國人談論，沒有界定名詞的話，就會浪費時間。

其次是設定判準，什麼叫判準呢？我們現在說張三是好人，李四是壞人，好壞的標準何在？是誰定的？為什麼這樣定？不說清楚的話，一個好人到另一個地方可能變成壞人。我們講美醜，你說張三是美女，美的標準何在？你把她送到非洲長頸族去，當大多數居民脖子都很長，長脖子才代表美女，那麼再美的世界小姐以當地的標準來看，都變醜了，沒有人要看第二眼。

最難的是建構系統。要把人類、宇宙，以及宇宙的來源、人類的來源、社會的來源、善惡的根源全部整合在一起加以說明，這是最難的了。如果不能整合人類與自然界，以及超越界，思想就不成系統。只要是大哲學家，一定會致力於建構系統。譬如，孔子碰到生命危險的時候，就提出「天」的概念，代表他有系統。我們不是哲學家，碰到危險時，心想「好死不如賴活著」，逃命吧！孔子則說：「天之未喪斯文也，匡人其如予何？」、「天生德于予，桓魋其如予何？」這就是有系統的緣故。這個系統在道家老莊的思想中更明顯也更完整，西方學者更為推崇道家的原因就在這裡。《詩經》是落實在人的情感生命的層次，是不可或缺的。哲學是一種高層次的、理論的學問。哲學家愛好智慧，人的情感當然屬於人的智慧要了解、掌握及欣賞的部分。

# 第三講：樂與生活趣味

孔子的人文教育，主要的內容是詩與樂，以及宗教信仰。

孔子向老子問禮，向師襄學琴。師襄是盲人，孔子向他學琴的時候還很年輕，很快就學會了。師襄表示可以學習新曲了，孔子卻說：「我只懂得如何彈奏，還不了解如何表現音律的抑揚頓挫。」過了一段時間，師襄認為孔子的技巧已經非常純熟了，便說：「該換學新曲子了吧。」孔子還是回答不行，「我雖然了解了技巧，但還沒有領略這首曲子的內涵。」師襄聽了，覺得孔子這個學生很特別，便讓他繼續學同一首曲子。孔子又再練習了好幾天，師襄覺得他實在彈得太好了，又道：「趕快換一首曲子吧。」孔子說：「不行，我還沒有體會出作曲者是什麼模樣。」師襄是盲人，難以想像孔子還要透過演奏將作曲者的形貌揣摩出來，但還是只能讓孔子繼續練習。過了幾天，孔子說：「我現在知道作曲之人的樣子了。他的膚色黝黑，身材高瘦，眼睛看著遠方，好像在牧羊，如果不是周文王，那會是誰呢？」標準答案，這首曲子就是《文王操》。師襄離開老師的位子，向孔子作揖致意。孔子不是只學一首曲子，而是像海綿一樣，把所有好東西都吸收了。

## 音樂與自得其樂

偉大的人有不少，我們不見得都認同，但他們的學習過程都值得參考。拿破崙年輕的時候，拿到任何書都如飢似渴地念完。很多人都有類似的經驗，像古典小說《三國演義》、《水滸傳》等，我小時候都是躲在棉被裡偷看，看到廢寢忘食。不過若是和孔子相比，我們還差得很遠，孔子學而不厭，學成之後，就成為一種特殊能力。演奏樂器是不可多得的能力，但是學習的過程非常艱辛。孔子以學習為樂，由於家裡貧窮，生活沒有保障，一切都得靠自己，反而能夠學得非常徹底，充分實現了音樂的潛能。孔子後來多次處在逆境中，都用音樂來化解。

古人用「聲」、「音」、「樂」三個字來解釋音樂。第一，大自然與人類都能發出「聲」，打雷、鳥鳴、犬吠，人也一樣。但人可以發音，「音」底下加一個「心」就變成意思的「意」了。只有人發出的音可以表達意思，其他動物發出的聲，只是本能的表現，用以求食或求偶。人的音就是把聲加以調節，像是中文的四聲，對外國人來說就不易理解。一個美國學生學中文，才學了一個多月就向我抱怨中文真難，我問他難在哪裡，他說搞不清楚四聲與字詞位置，弄不明白「你好嗎」、「你媽好」、「媽你好」的分別，他說外文比較容易，一個字一個意思，一句話中就算字的位置不一樣，意思依舊差不多。我們覺得學英文很難，他們覺得學中文更苦。相對來說，英文是比較容易的。假設英文不好的人跟外國人做生意，溝通了幾次，彼此都能了解對方在說什麼。好久不見，long time no see，這樣的說法外國人也能聽得懂。可是中文字只要位置一換，意義差別就很大。音就是能夠透過聲，來表達特定的意思。每一種民族的語言，都是不同的音所組合而成。

人的內心情感太豐富了，音發出來之後就要拉長，我們說「一唱三嘆」，唱歌就是把音拉長，一句話用講的也許只要幾秒鐘，用唱的可能需要三分鐘，既然如此，為什麼還是喜歡聽呢？主旋律迴旋反覆，和別的音配合起來，就有不同的效果，「樂」也因而產生了。孔子說「興於詩、立於禮、成於樂」，只有人類可以欣賞及享受音樂。有時候我們聽別人演唱，就算根本不知道內容，也能陶醉其中。我曾經因為喜歡聽義大利男高音的演唱而想學義大利文。我在荷蘭教書的時候，研究院裡有一位義大利學者，我把最喜歡的歌手安德烈・波伽利（Andrea Bocelli, 1958-）的歌詞拿去請教他，他為了把歌詞翻譯成英文，又抓頭又搔耳朵，好像很為難似的，後來我就放棄學習義大利文了。由此可見，音樂的偉大在於，即使語言不通，照樣可以引發情感。

尼采說，生活裡如果沒有音樂，將是一種錯誤。人生在世，總需要音樂來調節情緒。孔子也透過不同方式來表達情緒。第一，唱歌。孔子很喜歡唱歌。學生記錄他「子於是日哭，則不歌。」（《論語・述而》）孔子在這一天哭過，就不再唱歌了。孔子常常哭，是因為他主要的工作是替別人辦喪事，看到孝順的子女如此哀傷，他也忍不住跟著哭了，所以學生才有統計的資料。如果孔子男兒有淚不輕彈，或者一年哭一次，數據太少，就無法作為統計的材料。學生說：老師這一天哭過，就不會再唱歌，不會有例外的。相反的，孔子如果這一天不哭，他就可能唱歌。這樣說合乎邏輯。為什麼說他可能唱歌呢？如果哭與唱歌完全沒有關係，何必說今天哭了就不唱歌呢？另一句更明顯了，「子與人歌而善，必使反之，而後和之。」孔子與別人唱歌，唱得開懷時，一定會請對方再唱一遍，自己跟著再唱和一遍。從這些小地方可以看出孔子的日常生活，孔子的一生和一般人沒有太大的不同，他有工作，也有豐富的人際互動關係，尤其他周遊列國時遭遇了許多事情，此外當然他也需要休閒。

孔子在日常生活中唱歌，是自得其樂的一種方式。人不能選擇所生存的時代，也很難改變當下的社會，但是可以選擇生活的方式。說得更具體一點，即人不能選擇故鄉，但能選擇心靈上的故鄉。有人想要生在春秋時代，與孔子同時，也有人認為古代比較好，但若問孔子的意見，他應該不會覺得自己所處的年代有多好，畢竟那是個亂世，天下無道。我們要學習的是，把古代賢人的智慧應用在今天的社會裡。既然無法改變時代和社會，如果自己還活得不快樂，這不是雙重損失嗎？如果社會一片祥和，而自己辛苦一點，追尋人生的意義，所謂「不曾終夜痛哭者，不足以語人生。」那還說得過去。外面很亂，心裡也很煩，那就太累了。所以孔子透過唱歌自得其樂，他的生活是很有情調的。

## 美感的教化力量

第二，透過演奏音樂。「孺悲欲見孔子，孔子辭以疾。將命者出戶，取瑟而歌，使之聞之。」（《論語・陽貨》）學生孺悲犯了錯，想拜訪孔子，孔子託言有病，拒絕見他。傳命的人一走出房間，孔子就取出瑟彈唱起來，讓孺悲可以聽到。這是孔子的一種教育方法，不教就是教，要讓孺悲自我反省。孟子也說：「教亦多術矣！予不屑之教誨也者。是亦教誨之而已矣。」（《孟子．告子下》）孺悲做錯事了，大家都知道，但是沒有人說得清楚是什麼事情，反正就是犯了嚴重的錯了。孔子不見他，是因為很多人犯錯之後跑去找老師，認為既然我跟老師談過了，老師原諒了我，其他人也不好再多加責怪。孔子以疾病為由不見孺悲，卻又彈瑟讓他知道自己沒病，就是要教導孺悲犯錯不要找別人當藉口，要勇於改過。

古代有兩首非常有名的樂曲，歌頌舜的《韶》樂和歌頌周武王的《武》樂。《論語．述而》：「子在齊聞《韶》，三月不知肉味，曰：『不圖為樂之至於斯也。』」孔子在齊國聆聽《韶》樂的演奏，有三個月的時間食肉不知其味，據說在山東淄博市（齊國首都）還有孔子聞韶處。人的感官功能有相通的作用，若是其中一種受到強烈震撼，其他的就退居幕後。換句話說就是「用心」所在，可以使人暫時忽略其他官能。聽到好的音樂，不是只有耳朵覺得快樂，而是整個人的愉悅感受提升了，這時所感受到的是一個唯美的世界。一般人聽到悅耳的音樂，也許只會覺得很開心，而孔子卻讚嘆音樂能達到這麼完美的程度。不過也有人提出不一樣的說法，認為應該是「子在齊聞《韶》三月，不知肉味」，畢竟古文是不加標點符號的，但是《韶》樂是難得的演出，需要大規模的樂師與樂器，要聽三個月恐怕不大容易。

孔子對音樂很有研究，《論語．八佾》記錄他和魯國大樂官的對話，可惜講得很簡單，也不易明白。「子語魯大師樂曰：『樂其可知也，始作，翕如也；從之，純如也，皦如也，繹如也，以成。』」孔子說音樂是可以了解的，一開始的時候，各種樂器合奏，像春天一樣百花齊放，熱烈而活潑，因為音樂可以改變整個氣氛。我們有時候聽課會覺得很枯燥，那是因為沒有背景音樂；電影有背景音樂作為搭配就很引人入勝，差別很大。接著主旋律出現，節奏清晰而明亮，然後綿延而反覆，最後才一曲告終，讓情緒發展到一定的時候，自然而然，止於其所不得不止。由此可見，孔子對於音樂具有相當程度的了解，甚至可以同音樂專家討論。

## 盡美與盡善

不過以上這一段還不足以說明孔子的高明之處，孔子後來評論《韶》樂與《武》樂的差別，有更特別的心得。「子謂《韶》：『盡美矣，又盡善也。』謂《武》：『盡美矣，未盡善也。』」（《論語・八佾》）孔子說《韶》樂盡美又盡善，《武》樂盡美但是沒有盡善。這也引起很多討論。很多人說孔子認為藝術的本質就是善，美是一種形式，善是一種內容。這個說法的根據何在？演奏一首樂曲，該分幾段，節奏該怎麼安排，形式方面很完美，因為有一定的要求，但內容卻不夠完善。內容指的是歌詞，難道周武王的時代沒有人才嗎？不能把歌詞寫好一點嗎？把「美」當作形式，「善」當作內容，於是儒家的哲學思想用到文藝上面，會被批評是「文以載道」。如果把文學拿來承載那個道，壓力就很大。對照西方學者說的「為藝術而藝術」，會覺得比較自由。如果是為道德而藝術，壓力就很大，似乎對藝術審美的價值有所損傷。

孔子說《韶》樂盡美盡善，盡美並不難，只要有一定的水平，樂師們所有的樂器全部都顧到了，各種條件的搭配都沒有問題，當然能夠盡美，盡善則牽涉到演奏的內容。《韶》樂是歌頌舜的。舜是古代偉大的聖王，在位五十多年，他的德治教化普及天下，德行廣被萬民。《韶》樂的內容談到善的部分，所以叫作盡善，因為古代沒有那麼長命的帝王，後代雖有，但不見得是好的。

周文王曾經被商紂王關在羑里七年，他低聲下氣、卑躬屈膝，苟全性命於亂世，只為了將來周朝能夠振作起來。這七年之間他有一個重要的成果，即完成了《易經》，他把《易經》六十四卦的卦辭、爻辭全部寫出來。《易》歷三聖，就是指伏羲開始畫卦，周文王把卦辭、爻辭寫出來，到了周公接著做，孔子跟他的學生們再傳《易傳》。《易傳》不是孔子一個人寫的，是孔子與學生代代相傳集結而成的一部偉大著作。周文王過世後，周武王帶著父親的牌位，號召百姓和商朝作戰，而後革命成功取代商朝，歷史稱其「順乎天，應乎人」。不過周武王只做了六年天子，德行還沒有廣被天下，所以需要由弟弟周公輔政。周武王死後，其子周成王繼位，由叔叔周公輔佐。而後，派去監督商朝後裔的管叔、蔡叔聯手一起叛亂，周公又花了很多年才平定。六百年歷史的商朝，很難一夕之間替代的，餓死的駱駝也比馬大，要很長的時間才能慢慢轉移。

這種審美觀牽涉到儒家的人性論。善與人的生命有關，我們強調人性向善，人的任何行為都要回歸落實到人性上，儒家不可能為了藝術而藝術，最後弄出一些稀奇古怪的東西。當代西方藝術有時很難理解，很多東西我們看不懂，需要有人解釋才能明白其所象徵的意義。最後，藝術與審美不見得有必然關係，因為他們認為藝術基本上在於回歸真實，有時候會用醜惡來揭發假象。現在的藝術展覽有時會讓人緊張，譬如，一堆骷髏放在一起也是一種藝術，這樣的藝術表現已經從審美轉到求真，讓人不要活在虛偽的幻想裡面。古代沒有這樣的想法，古代認為藝術演奏，包括繪畫，都是美的表現，而孔子認為人所有的表現最後都要回歸人性，而人性是向善的，不可能單純為了藝術而藝術，一定是回到對人的生命有所助益，否則就可能失之毫釐，謬以千里。開始走偏一點點，最後變成純粹是為藝術而藝術，弄出一些奇奇怪怪的東西。

荷蘭出了一個偉大的藝術家梵谷，所以荷蘭政府特別鼓勵藝術創作，成立很多基金會。我在荷蘭那一年，看到一篇報導說，有一位心理學家需要這些經費支持，就去申請藝術創作，一年之後要交出成果來，但他根本就沒有什麼創作，於是靈機一動，在診所前的街道上搭了一個簡單的檯子，站在上面說：「這是我的研究成果，我本人就是藝術品。」沒想到居然通過了。以前沒有人這麼做過，因為他夠創新，而成為藝術，但是隔年有人依樣畫葫蘆，就沒人理會了。美國大都會藝術博物館有一次展出一顆白菜，後來有一個鄉下農夫運來一卡車白菜，博物館當然不接受。西方的藝術展覽有時候是荒腔走板，古代中國沒有這回事，藝術的美要回歸到人的生命的善。

《論語‧里仁》：「子曰：『里仁為美，擇不處仁，焉得智？』」孔子認為居住在民風淳厚的地方是最理想的，所以《論語》中，美善可以通用，覺得美的，是因為有善可以配合。孔子也講過：「君子成人之美，不成人之惡。小人反是。」（《論語‧顏淵》）這裡的「美」當然是指「善」，因為和「惡」相對。君子幫助別人行善，不會幫助別人做壞事。古人對於美和善的概念是可以相通的，因為最後都要落實到人的生命，看是否有所助益，讓人可以行善。

從這一角度加以理解，就不會覺得孔子的說法過於突兀。

《論語》中關於孔子對於音樂的說法並不多見，值得一提的是孔子談人生的志向，有兩段材料。我們反覆提到孔子說自己的志向是「老者安之，朋友信之，少者懷之。」（《論語・公治長》）這十二個字，現在要提的是在〈先進〉篇的另一段。

子路、曾皙、冉有、公西華在旁邊坐著，孔子說：「我比你們年長幾歲，希望你們不要因此覺得拘謹，平常你們說沒有人了解你們，如果有人了解你們，又要怎麼做呢？」子路立刻回答說：「一千輛兵車的國家，夾處在幾個大國之間，外面有軍隊侵犯，國內又碰上饑荒。如果讓我來治理，只要三年，就可以使百姓變得勇敢，並且明白道理。」孔子聽了微微一笑，接著問：「求，你怎麼樣？」冉有回答說：「縱橫有六七十里，或五六十里的地方，如果讓我來治理，只要三年就可以使百姓富足，至於禮樂教化則須等待高明的君子。」孔子又問：「赤，你怎麼樣？」公西華回答說：「我不敢說自己做得到，只是想要這樣學習。在宗廟祭祀或者國際盟會時，我願意穿禮服、戴禮帽，擔任一個小司儀。」孔子又問：「點，你怎麼樣？」曾皙彈瑟的聲音漸稀，然後鏗的一聲把瑟推開，站起來回答：「我與三位同學的說法有所不同。」孔子說：「有什麼關係呢？各人說出自己的志向罷了。」曾皙說：「暮春三月時，春天的衣服早就穿上了，陪著五、六個大人，六、七個小孩，到沂水邊洗洗澡，在舞雩臺上吹吹風，然後一路唱著歌回家。」孔子聽了讚嘆一聲，說：「我欣賞點的志向呀！」

曾點的志向配合天時地利人和，春天就不要想夏天、冬天怎麼樣，就做春天可以做的事，這叫作天時。地利呢，魯國有沂水，非常小的河流，不要好高騖遠想去游長江，沂水就足以讓你在裡面洗洗澡、游游水了，旁邊還有舞雩臺，舞雩臺是祭祀的地方，可以到上面去吹吹風，然後一面唱歌、一面回家。和五、六個大人，六、七個小孩同行，天時地利人和都具備了，快樂無所不在。人活在世界上就是要過得快樂，只有曾點把握到這一點，另外三個學生不是不對，而是既然想在社會上發揮抱負，就要等待時機，但時機沒有任何保障，可能一輩子都有所準備，卻沒有機會發揮，難道要讓這一生在等待中錯過嗎？那又怎麼能算是人生呢？等待機會是一回事，真正要能自得其樂，配合天時地利人和，隨遇而安，儒家的處世智慧就在這裡。

《中庸・第十四章》說：「素富貴，行乎富貴；素貧賤，行乎貧賤。」君子無論處於富貴或貧賤，都不會影響情緒，還是做自己該做的事，這是修養的第一步。孟子推崇舜是毫無保留的，「舜之飯糗茹草也，若將終身焉；及其為天子也，被袗衣，鼓琴，二女果，若固有之。」（《孟子・盡心下》）他說舜在吃乾糧啃野菜的時候，就像打算一輩子這麼過似的；等他當上了天子，穿著麻葛單衣，彈著琴，堯的兩個女兒伺候著，又像本來就享有這種生活似的。人生最難的就是這四個字：「若固有之」，這樣才會安於當下的生命，把手中的每一件事情徹底做好。人生最怕好高騖遠，浪費生命。孔子、孟子將儒家的基本精神表現得淋漓盡致。孔子稱讚曾點，也是因為他把握了這一點，由此也看出孔子具有浪漫情懷，誰不喜歡過得快樂呢？如果天下太平的話，我們何必那麼辛苦？就好像孔子對隱士說：「天下有道，丘不與易也。」（《論語・微子》）天下有道的話，我孔丘就沒有必要帶著學生一起去改變了。就因為天下亂了，所以我們讀書人的使命感，讓我們必須努力改善天下，照顧百姓。

當孔子公開稱讚曾點的志向之後，另外三個學生都知道自己這次的表現不夠好，所以趕快離開了。其他三人走後，曾皙問孔子：「三位同學的話怎麼樣呢？」孔子說：「各人說出自己的志向罷了，不要計較。」但是曾皙又問：「老師為什麼要笑由呢？」孔子說：「治理國家要靠禮儀，他的話卻毫不謙讓，所以笑他。」曾皙再問：「難道求所講的不是指國家嗎？」因為冉有很謙虛，說其治理的地方很小。孔子說：「你怎麼看得出縱橫六、七十里或五、六十里的地方不是國家呢？」孔子肯定冉有治理國家是沒有問題的。曾皙又問：「難道赤所講的不是指國家嗎？」因為公西華說的是做一個小司儀。孔子說：「有宗廟祭祀的國際盟會，不是諸侯之國又是什麼？赤如果只做個小司儀，誰又能做大司儀呢？」這話講得多好！這三段話傳出去之後，前面那三位同學原本可能感覺到自己這一次講得不夠好，沒有得到老師的肯定，現在，冉有和公西華可以恢復信心了，老師認為他們可以治理國家；子路則要記取教訓，下回要先想一想再講，學會謙讓。

每一個人都學到教訓了，而曾皙在最後得到孔子的稱讚，但從他接著詢問的幾個問題來看，顯示他還是有比較的心，就代表有所執著，並不像他之前講的那般超然。孟子後來把曾皙列為狂者，特徵可以用八個字來形容，「言不顧行，行不顧言。」說的話與行為不能配合，做的事與說的話不能配合，說明狂者理想很高，但是不見得做得到。做人不能僅靠志向，還要能具體實踐。

我們讀《論語》，崇拜孔子一個人就夠了，其他的學生跟我們一樣，都是慢慢成長著，如此一來，我們才能感覺《論語》中的觀念可以和自己的生命相結合，不然《論語》已經是兩千多年前的古文了，對現代人而言，會有種不真實的感覺。孔子的學生們也會犯錯，像宰我就被孔子痛斥為「朽木不可雕也」；冉有為官，雖然做得不錯，但他替季氏做總管，居然增加了稅收，讓老百姓的生活更辛苦，孔子受不了，便對學生說可以對冉有「鳴鼓而攻之」，可見孔子對於學生有一定的要求。學生學成之後，如果犯了錯，孔子還是有意見的。冉有與子路後來都當了季氏的家臣，結果季氏將出兵攻打顓臾，亦即魯國一個小小的附屬國，孔子就把冉有和子路找來，問他們不能勸阻季氏嗎？他們說不行，孔子就不高興了。孔子主張「以道事君，不可則止」。有時學習儒家，會覺得兩千多年下來，讀書人真是委屈，做了官之後沒有骨氣，因為一有骨氣，恐怕就要殺頭、放逐，那怎麼辦呢？我們當然不能全怪這些讀書人，因為政治的力量太大了。

兩千多年來的中國，用四個字來說是「陽儒陰法」，表面儒家，內在是法家。事實上譚嗣同早就說過：「兩千年之政，秦政也；兩千年之學，荀學也。」（《仁學》）荀子是戰國時代後期的儒家學者，主張性惡，認為自己是孔子的真傳弟子，要與孟子爭正統，結果荀子教出的兩個學生，證明他的教育有問題，一位是李斯，一位是韓非，李斯是秦始皇的宰相，韓非是法家的代表人物。由此可見荀子的思想一定有些偏差了，這是很合理的推論。歷史上的事實不能扭轉，我們只能接受這樣的事實。但是我們學儒家，還是要把握純正的儒家思想。要根據《論語》與《孟子》的材料。

孔子善於用音樂表達心聲。〈憲問〉篇記載，孔子於衛國擊磬（石片做的樂器），有一個人挑著竹簍子，經過孔子住處的門前，一聽就知道擊磬之人複雜的情緒，就說：「如果覺得沒有人了解你，你就停下來算了。」這個人算是孔子的知音了。孔子可以藉著樂器表達心聲，讓別人知道他在想什麼，可見音樂在孔子的生活中扮演多麼重要的角色。所以孔子才說「興於詩，立於禮，成於樂。」一個人生命的完成，一定要透過音樂的素養，生活在優美的旋律裡面，使枯燥乏味的日常生活增添許多趣味。人類的智慧發明各種音樂，本來就可以達到這樣的效果，我們為什麼不多加利用呢？無論得意、失意，都可以透過音樂來調節，讓生命顯示一種綜合的氣象。

詩是教化的開始，樂讓生活充滿趣味，合起來是孔子對人文教育的看法。儒家不是只有「行善避惡」的倫理學說，也表現了審美和調節情感的層次。

# 主題四：覺悟天人之際

# 第一講：認真面對死亡

中國人忌諱談論死亡，彷彿只要不提起，死亡就不會降臨。《論語・堯曰》提到古代帝王治理百姓最重視四件事：第一，民，就是老百姓；第二，食，因為民以食為天。這兩點與活者有關。第三，喪，就是喪禮；第四，祭，就是祭祀。後兩點則針對死亡和死後的問題。事實上有生就有死，死亡是非常自然的事情，重要的是如何面對死亡。

人生會面臨三大挑戰：一是痛苦；二是罪惡；三是死亡。每一位偉大的思想家都必須回答這些問題。首先，人有痛苦，從生理上的疾病、衰老；心理上的生離、死別；朋友之間的誤會、恩怨，直到煩惱人生有無意義的痛苦。既然人活著是為了追求快樂，為什麼要承受痛苦？它是必要的嗎？如果是必要的，需要這麼多嗎？其次是罪惡，人活得好好的，為什麼要互相傷害呢？很多罪惡純粹只為了好玩，西方中世紀哲學家奧古斯丁（Augustinus Hipponensis, 354-430）撰寫《懺悔錄》，描述他童年時經過別人家的果園，看到園內立了一個「禁止偷摘水果」的牌子，他就偏要去偷摘，摘了之後也不吃，直接扔掉。後來他反省自己當時的心態，其實是一種破壞規矩的衝動，有如反叛心理，這也許是出於遊戲的心思，卻造成了別人的損失。至於像殺人放火這種罪惡，那就更嚴重了。哲學家對於痛苦、罪惡，都要合理的解釋，解釋不一定能夠解決問題，但至少讓人了解之後，願意去面對它。

死亡更複雜了，人死了之後會去哪裡？這個問題要交由宗教家來回答。宗教家的解釋大致分為兩種，一是死了之後還有輪迴，但是輪迴的問題很複雜，如何輪迴？規則是什麼？目的何在？需要多久？怎樣才可以不輪迴？這些都是待決的問題。另一種說法是，人死了之後要接受審判，視其一生的行為，進而決定是上天堂還是下地獄，最多中間再加一層煉獄。但如果一個人這一生的遭遇不盡理想，因而做壞事，別人的生活環境很順利，所以能夠做好事，如此天生的立足點不同，那麼審判不是顯得不近人情也很不公平嗎？孔子如果不談死亡，怎麼算是哲學家呢？哲學是愛好智慧，真正的智慧一定牽涉到最後的真實，因此我們要說明孔子如何看待死亡。

## 喪禮與祭禮：慎終追遠

《論語・先進》中，孔子說：「未知生，焉知死？」很多人都因為這句話而誤解孔子不了解死亡。其實孔子是因材施教，他認為子路的性格不太適合研究文學、藝術、宗教這些複雜而深刻的題材，但是子路聽到別人談論，也想請教孔子如何事鬼神。「事」這個字是指下對上，古代一般用在三個地方：第一，事父母或長輩；第二，事君上；第三，事天或鬼神。人死為鬼，鬼神是人類的祖先，超越人類的世界，事奉祖先是合理的。孔子知道子路不是真心想探究，只是表現好奇心，他真正關心的是治國平天下，所以回答他：「未能事人，焉能事鬼？」你還不能好好跟人相處，怎麼可能跟鬼神好好相處呢？子路顯然不太滿意這個答案，進而「敢問死」。「敢」是謙虛之意，膽敢請問老師，什麼是死亡。孔子就說：「未知生，焉知死？」你還不了解什麼是生存的道理，怎麼可能知道什麼是死亡的道理呢？孔子的回答是有延續性的，活著的時候能與他人和睦相處，死後與鬼神也能好好相處，因為原理是一樣的，要有禮貌，要能真誠。了解生存的道理，活著時好好珍惜每一天，死了之後也不必擔心。由此可知，孔子並不是不了解死亡。

《論語》一書中，「生」字出現十六次，「死」字出現三十八次。如果孔子不了解死亡，怎麼會多次提到死？不過一般人不太喜歡這個字，很自然會假裝沒看到。其實孔子一向坦然面對人類的全部經驗，再加上他長期以辦理喪事為職業，又怎麼會迴避這樣的問題呢？這個題材特別值得我們去了解。

喪禮是對待過世的長輩、親人、朋友；祭禮或祭祀，則是對待祖先的。孔子曾說：「禮，與其奢也，寧儉。」（《論語・八佾》）實行禮儀的時候，與其鋪張奢侈，寧可儉約樸素，因為真誠的心最重要。接著又說：「喪，與其易也，寧戚。」辦喪事的時候，與其儀式周全，寧可內心哀戚，因為哀戚表示對過去親人的懷念。孔子強調真誠，內心的情感是外在行為的基礎。孔子的學生曾參也說過：「慎終追遠，民德歸厚矣。」（《論語・學而》）慎終就是指喪禮，按照規定就不會有太大的問題。追遠是指祭禮，這就比較複雜了，祖先真的存在嗎？父母辛苦了一輩子，最後不幸過世了，子女將他們風光大葬是合理的。孟子後來就說：「養生者不足以當大事，惟送死可以當大事。」（《孟子・離婁下》）

## 對鬼神的正確態度：不可諂媚

《論語・八佾》：「祭如在，祭神如神在。」這是描寫孔子的態度，祭祀的時候，好像受祭者真的在現場，「如」代表非常虔誠，好像真的一樣。鬼神或祖先，本來就不是我們可以看到的，所以祭祀的時候要齋戒，目的是要擺脫日常生活的干擾，過比較平靜平淡的生活，戒七日、齋三日之後開始祭祀。很多人會問：孔子有沒有宗教精神或者宗教信仰？學者們也討論了很久，但其實這沒什麼好討論的，「子之所慎：齊、戰、疾。」（《論語・述而》）就是標準答案了。孔子最謹慎的三件事，第一，齋戒；第二，戰爭；第三，疾病。然後孔子對於疾病很謹慎，不敢吃這個、不敢吃那個，就是擔心會生病。孔子是反對戰爭的，因為戰爭是造成死傷的原因，並且死傷的大都是年輕人，何其無辜。所以孔子特別稱讚管仲，管仲是齊桓公的宰相，善用外交手段，使各國都可以避開戰爭。在此，重點是齋戒排在第一位，古人齋戒的理由是因為祭祀，不像現代人可能是為了其他因素，而祭祀就是很明顯的宗教行為。

之後孔子接著說：「吾不與祭如不祭。」古代沒有標點符號，我的中學老師以前是這樣教的：「吾不與祭，如不祭。」我沒有參加祭祀，就像我沒有祭祀一樣。朱熹也這樣翻譯，難道有人沒有參加祭祀，卻以為自己在祭祀嗎？或者找別人代理祭祀，就算我祭祀了嗎？這都說不通。孔子所言，不應該在「吾不與祭」之後斷句，而應該整句話一起念，「與」與「贊成」之意。孔子曾說「吾與點也」，我欣賞曾點的志向，「與」意指肯定、欣賞。所以孔子的意思是，我不贊成祭祀時有如不在祭祀的態度。有些人是因為父母的命令、別人的規定，心想反正沒有鬼神，於是態度不太莊重，好像不在祭祀一樣。學生一定是發現孔子「祭如在，祭神如神在」，所以請教他理由，孔子才回答我不贊成「祭如不祭」。這是唐朝韓愈的解釋。韓愈說：孔子曾經譏笑那些祭如不祭者。由此可以看出孔子對於祭祀的態度。

古人相信人死為鬼，神呢？是負責守護山河的大官，死了之後被封為神，因而產生了山神、河神，後代的人就祭祀這些神。古代規定天子祭天地，諸侯祭山川，所以神的應用範圍很廣。

我們該如何同鬼神相處呢？孔子說「敬鬼神而遠之」（《論語・雍也》），很多人由這句話來批評孔子對鬼神的態度不一致，說他既然敬鬼神，就應該多親近。其實孔子這句話的意思是，我們要尊敬鬼神，用適當的儀式與之交往，平常不要常去麻煩他們。鬼神是我們的祖先，活著的時候已經盡了做人的責任，死了之後就讓他們安息吧。很多人求神拜佛是為了解決自己的問題，但從另一個角度來看，也算是推卸自己的責任，這並不是宗教真正的意義，也不是對儒家正確的理解。這句話的背景是樊遲請教怎麼樣算作明智，孔子回答他：「務民之義，敬鬼神而遠之。」專心做好為服務百姓所該做的事，敬奉鬼神，但是保持適當的距離。因為百姓才是為官者要照顧的，提醒人不要「不問蒼生問鬼神」。孔子講鬼神的時候，會對照當時的社會現況，那時社會流行偷偷祭拜家族發達的祖先，所以孔子說「非其鬼而祭之，諂也」（《論語．為政》），祭拜別人的先人，就是諂媚。孔子接著說「見義不為，無勇也」，看到該做的事而沒有採取行動，就是懦弱。這和前面「務民之義」是相通的。儒家教人看到該做的事就去做，該祭拜自己的祖先就要好好祭拜，這是一種入世精神，但不會因此而忽略已經過世的祖先。

孔子非常尊重鬼神，他稱讚大禹「菲飲食，而致孝乎鬼神」（《論語・泰伯》），飲食非常簡陋，對鬼神的祭品卻辦得很豐盛。「孝」只能用於對父母、對祖先，代表這裡的鬼神指的就是祖先。孔子反對諂媚鬼神。他在衛國的時候，衛國正值內亂。國君衛靈公的夫人是南子，南子長得很美，但是名聲不好，她正式發請帖邀請孔子一見。子路擔心南子的名聲影響孔子，所以反對，但孔子認為別人以禮來相請，不好拒絕。不料，南子利用孔子的名聲，故意邀孔子參觀衛國都城，實際上是想讓衛國百姓知道，孔子和他們是一路的。孔子是知名的學者，雖然到處不受重用，但人們都知道他是正人君子，何況他有一批優秀的學生。《論語・雍也》記載「子見南子，子路不說。夫子矢之曰：『予所否者，天厭之！天厭之！』」孔子知道子路不滿，就發誓說：「我如果做得不對，讓天來厭棄我吧！讓天來厭棄我吧！」可見孔子很重視子路，而子路的誤會也有理由，但是孔子心中坦蕩，認為別人以禮相待，當然不能拒絕。南子與衛靈公的兒子蒯聵不和，想盡辦法要離間他們，最後逼得蒯聵離開衛國。結果衛靈公死後，蒯聵的兒子接位，蒯聵便回國和自己的兒子爭位，父子爭國，衛國因而陷入動亂。

孔子到了衛國後，有一批人來拉攏他，衛國大夫王孫賈請教孔子「與其媚於奧，寧媚於竈」的意思。這句話是說：與其討好奧神，不如討好灶神。灶神是廚房的神，有實用價值，一般以為是指當權大夫彌子瑕。奧神在室內的西南角，地位尊貴，但是沒有實權，指的是南子。結果孔子說：「不然，獲罪於天，無所禱也。」（《論語・八佾》）不是的，一個人得罪了天，就沒有地方可以獻上禱告了。孔子對於鬼神不諂媚，因為鬼神是我們的祖先，將來我們也會變成鬼神，真正信仰的對象只有「天」，天就是古代經典中的上帝。

## 殺身成仁與朝聞夕死

有關死亡的問題，孔子說：「民之於仁也，甚於水火。水火，吾見蹈而死者矣，未見蹈仁而死者也。」（《論語・衛靈公》）百姓需要走上人生正途，勝過需要水與火。我見過有人為了水火而犧牲生命，卻不曾見過有人為了走上人生正途而死。走上人生正途是人活著的目的，本末不可倒置。孔子感嘆人們只知謀生，卻忽略了謀生的目的，不能做到「殺身以成仁」。孔子說：「志士仁人，無求生以害仁，有殺身以成仁。」（《論語．衛靈公》）有志之士與行仁之人，不會為了活命而背棄人生理想，卻肯犧牲生命來成全人生理想。死亡這一關，只要是成熟而認真的人，終究都要面對的。

哲學家是不怕死的，西方最有名的是蘇格拉底。蘇格拉底被人誣告，接受審判，最後被判死刑。當時他已經七十歲了，也多活不了幾年，但是那些人就是非要害他不可。蘇格拉底被帶到雅典露天的大劇場接受審判，其實他只要放低姿態，說幾句好話，人家說不定就能放他一馬，但是他的態度卻相當強硬，說：「我沒有錯，你們今天審判我，將來歷史會審判你們。」五百個法官在臺上，蘇格拉底一個人在臺下，這是歷史上重要的一幕。最後集體投票，二百八十票對二百二十票，判他有罪。雅典很民主，被判有罪的人可以自己提一種懲罰，譬如放逐。蘇格拉底說，如果要懲罰他，只能把他關在國家英雄館裡，不讓他上街跟別人說話，就是最大的懲罰了。因為蘇格拉底最大的樂趣就是每天上街跟別人聊天。五百個法官再投票，以更大的差距判他死刑。死刑確定之後，正好碰到雅典的聖船儀式，三十天之內不能殺人，所以蘇格拉底在監獄住了三十天。他不是沒有逃獄的機會，只要花一點錢買通獄卒，更別說別人都把錢準備好了，但他就是不走。每天都有學生來看他，向他請教人生問題，但最後都是哭著離開。他說：「又不是你們要死，何必哭呢？」他的態度非常瀟灑。

蘇格拉底說，死亡只有兩種情況：第一，死亡是無夢的安眠。睡覺沒做夢，那真是太舒服了；第二，死亡之後如果還有靈魂存在，就能擺脫身體的限制，得以同歷代以來理想相近的人在一起。蘇格拉底說他死了之後，靈魂擺脫身體的束縛，就可以自由地向希臘先賢請教了，所以他根本不在意。

歷史上關於死亡最重要的兩個畫面，一個就是蘇格拉底，坐在一個石床上，衣服已經褪到了腰際，他最後飲了毒酒，還問獄卒腳開始麻了正不正常？很正常。麻到小腿、到大腿、到肚子，快到心臟了，這都順利吧？他死前的最後一句話是對克利多說的：「不要忘記，我還欠醫神 Esclepius 一隻雞。」然後與世長辭。古希臘人有這樣的習俗，生病了會向醫神許願，待病好了，會獻上一隻雞。蘇格拉底明明是要死了，卻說他欠醫神一隻雞，代表他認為死亡就是痊癒，活著反倒才是有病。第二個畫面當然是耶穌了。耶穌活了三十三歲，雖然被釘在十字架上，但他非常自在，因為他知道自己的命運，這樣的畫面也給很多人不同的感受。那麼，孔子會怕死嗎？當然不會，殺身成仁，多麼坦蕩。「人生自古誰無死，留取丹心照汗青。」（〈正氣歌・文天祥〉），用我光明磊落的行為照亮整個歷史，這正是儒家思想的一種表現。

死亡是什麼呢？第一，死亡是自然的現象，只要是自然的現象，就不必要有情緒。我有一位老朋友擔任大專校長二十五年，他說：「我雖然一輩子當老師、當校長，還是害怕死亡，你念哲學，能不能給我一些建議？」我說：「你真的不要害怕死亡，如果不死才要害怕，怎麼別人都死了，只有我沒死？變成妖怪了。」他聽了之後，覺得也有道理。生命總有結束的時候，何必為了活著就不擇手段呢？反正到最後都會結束。

第二，死亡應該讓你完成生命的目的，這才重要。生命不是結束就算了，它是有目的的，叫作殺身成仁。如果沒有掌握到這個目的，白白死了，那真可惜。孔子曾經提到兩個人，一個是齊國在位最久的國君齊景公。他有一個宰相很有名，叫作晏嬰，又稱晏子。孔子年輕的時候到過齊國，齊景公本來想用孔子，但孔子是魯國人，於是齊景公對孔子說：「我已經老了，無法重用你。」孔子後來說：「像齊景公這樣，死後留下四千匹馬，擁有很大的財富，但是老百姓卻想不出他的優點。」這樣的人生有什麼意義呢？反觀伯夷、叔齊，甚或周文王的哥哥泰伯，才是真正了不起，泰伯知道將來姪子會復興周朝，就把自己的位置讓給弟弟，死的時候老百姓也是不知道該怎麼稱讚，因為德行太完美了。所以老百姓不知如何讚美兩種人，一種是找不到德行，一種是德行太高了，不知道該如何稱讚。對於死亡，我們要將它了解為人生的目的，這一生成就了什麼偉大的善行，讓生命發光發熱，才是不虛此生。

有人認為，這些好像都是對人生的反省，還是無法說出深刻的道理。我最近幾年才體驗到孔子思想的精采。「子曰：『朝聞道，夕死可矣。』」（《論語・里仁》）這句話很短，很難理解孔子的深意。早上聽懂了人生的道理，晚上死了也無妨。《朱子語類》中，學生請教朱熹，難道依照孔子的說法，「道」不用實現嗎？朱熹說，當然要實現，最好再多活一點時間，把這個道加以實現，會比較心安。亦即，萬一真的要死只好認了，但如果有機會，還是要多活幾年，把道加以實現。

其實，人活在世上，有關生命的覺悟，不在乎你做了幾件善事，而在乎你是否真的覺悟。做幾件善事是「量」的問題，牽涉到很多相關的條件。譬如，經濟條件好，我可以多做幾件善事；生活在很多窮人的地方，可以多幫助一些人。但是否真的覺悟，則是「質」的問題。孔子重視的當然是質，朝與夕代表當天就結束。

我們再拿《新約聖經》裡有關耶穌死亡的那一段來對照。耶穌被釘在十字架上，而左右兩側各有一個強盜也像他一樣被釘在十字架上，這兩個強盜殺人放火，罪有應得，但是耶穌從來沒有做過任何壞事，他為什麼要被釘在中間？這是猶太人故意要羞辱耶穌，他們認為耶穌收服人心。猶太人認為政治犯或思想犯、甚至宗教犯，才是最可怕的。左右兩邊的強盜心裡想，一輩子當了江洋大盜，怎麼掛在旁邊呢？左邊的強盜故意出言挑釁：「聽說你是上帝的兒子，那就顯現一下神蹟吧，讓我們從十字架上下來，你當老大，我們去闖天下。」

右邊的強盜就罵左邊的強盜：「我們一輩子殺人放火，被釘死是應該的，但是我從來沒有聽說耶穌做過任何壞事，所以他一定是被冤枉的。」接著，他對耶穌說：「主啊，如果你真是神的話，能不能原諒我的罪？」耶穌說：「你今天晚上就升天堂。」

我小時候讀《聖經》的這段故事，會覺得右邊的強盜真是賺到了，一輩子殺人放火，臨死之前覺悟，說對了一句話，就能夠上天堂。宗教不在乎你做幾件好事，而在乎你是否真的覺悟。了解基督宗教這麼重要的一段資料，就知道孔子在說什麼。千萬別小看孔子，所有宗教達到最高的、最神祕的境界，儒家都可以說得透澈，只是一般人不願意多想這個題材而已。

佛教也一樣，我對佛教沒有什麼研究，但是「放下屠刀，立地成佛」這八個字卻常聽到，放下屠刀的那一剎那，覺悟了就能成佛。事實上，放下屠刀的人很多，但他們都能立地成佛嗎？不一定，必須要有所覺悟才行。佛教也說，一念覺即成菩薩，人一旦覺悟，此心轉向光明，生命就能完全改變。

孔子說，早上聽懂了人生的道，就算當晚要死也無妨，這同世界上兩大宗教，佛教與基督宗教所達到的生命體驗相同。英國一位學者說：「如果不曾離開英國，就不可能了解什麼是英國。」因為一輩子住在英國，不知道特色何在，一旦離開英國到別的國家，才有相互對照的素材，進而才能了解英國有什麼特殊的風俗習慣。學習也是一樣，如果只是關起門來研讀儒家經典，無法發現它有什麼特別精采之處，但是若能對照參考西方或其他文化的資料，便能體悟儒家的卓越之處。以孔子來說，他一方面奉行傳統的禮儀，對喪禮很在行，虔誠為之；對祭禮，他也很清楚古人所信的鬼神是怎麼回事。

我在比利時、荷蘭都教過書，外國學者研究中國的學問，談到鬼神的時候，一定會引用兩段話，一段出於《中庸》第十六章：鬼神的功能很特別，當你齋戒幾天之後要祭祀的時候，感覺到「洋洋乎！如在其上，如在其左右。」鬼神的力量好像充滿在整個房間裡面，一下在我頭頂上，一下在我左右。因為人在祭祀的時候，心思虔誠，想著祖先，思念久了之後，就會感覺祖先在我們的上方，在我們身邊。鬼神使天下人穿上整齊的服裝，好好地奉行祭祀，讓人的生命有莊嚴肅穆的一面。每年冬至的時候，魯國會舉行郊祭大典，祭天、祭地，眾人穿上整齊的服裝，莊嚴肅穆，行禮如儀，依序前進，孔子看了感到非常欣慕，認為這才是人的生命的卓越表現，而非只有本能的需求。

《禮記・祭義》提到，齋戒幾天之後進了房間，好像還聽得到祖先的聲音。父母過世了，兒女祭拜父母親時，心裡面當然會想著他們，所以進了房間之後，好像聽到父母親在嘆氣，好像聞到父母親平常所用的東西發出的味道，好像感覺到父母親就在身旁。它就是製造一種情景，讓你可以心神專注，等於是跟鬼神的世界可以溝通，讓你想起父母在的時候，你是如何敬愛他們。經過祭祀以後，生命得以內斂、得以凝聚，也才會懂得珍惜自己的生命，不讓祖先丟臉，不讓子孫為難，生命就有原有本了。

將儒家對死亡的看法，從喪禮到祭禮，到鬼神，再到孔子對於天的信仰，整個連貫起來，就構成儒家的宗教觀。孔子不是宗教家，但是他有個人的宗教情懷，我們從「子之所慎：齊、戰、疾」就能一窺究竟。

人的生命從何而來，沒有人知道，但人有思考能力，要對生命做完整的反省，像孔子這樣偉大的思想家，就了解得很透澈。從傳統一步步走向未來，生命源遠流長，這是我們對儒家最肯定、最佩服的地方。如果只談活在世界上怎麼孝順、怎麼忠於長官、怎麼友愛、怎麼講信用，這些每個人都會說，探究這些倫理學，探討如何與人相處的學說很多，但是談到有關生命最根本的關懷的，卻很少見。宗教家一定會談論，而哲學家也會加以探討。哲學是愛好智慧，所以要探求究竟真實，設法建構圓滿的系統。

# 第二講：信仰的真諦

孔子思想最特別之處是他的信仰。一個人應不應該有信仰？或者一個人的信仰應該是什麼情況？我們就以孔子所留下的材料作為線索來做說明。

哲學家的任務是要做到澄清概念、設定判準、建構系統。在建構系統時，會面臨一個重要的問題，也值得我們深思：人生在世短短幾十年，從前沒有我，幾十年之後也沒有我，到底我這個生命是怎麼一回事呢？多少人來來去去，似乎沒有特殊的成就留在世界上。既然如此，怎能忽視信仰呢？

西方人向來關注信仰的問題。先簡單歸納一下，為什麼一個人會相信有神或佛的境界？對於神的概念，要設法理解，它也包括像佛教的涅槃境界，那是圓滿的永恆，和其他宗教所謂的天堂有雷同之處。

古代中國人也是有信仰的，但是他們到底相信什麼？商朝的皇帝一年之內有一百一十二天要去祖廟祭拜，等於幾乎每三天就要向祖先報告事情，表示帝王重視生命的來源。因此有人批評商朝太重視鬼神，反而忽略了人。周朝的時候，人文精神崛起，比較重視人類當下的生命需求。周朝相信天命，認為天命從商王轉到了周王。這些材料在《詩經》、《書經》一再出現。周朝為什麼用武力取代商朝，卻把理由歸之於「天命」？因為老百姓相信天，所以「天」這個概念在古代是很特別的。

## 信天：獲罪於天，無所禱也

我們很熟悉「天生烝民」（《詩經．大雅．蕩》）這四個字。烝民是眾多百姓，上天生下眾多百姓。每一個人都是父母生的，但父母也有他們的父母，一直往前追溯，總不能說人是猴子變的吧？演化論實在強人所難，連達爾文也說有一個失落的環節不能證明。如果人真是猴子變的，那每隔幾萬年非洲與南美洲叢林裡面，就會有一批猴子變成人，那可麻煩了。說到最後，有一個「天」作為人類生命的來源，這樣就把問題先簡化擱置了。另外也有「天作高山」（《詩經．周頌》），高山是人所看到最宏偉的地形，這四個字就代表天創造了自然界。對古人來說，只要有天作為根據就放心了。天造了自然界，有春夏秋冬的季節更替，亦即自然規則；天創造了人類，希望人類能夠行善避惡。所以，天的規則稱為天道，天道福善禍淫，行善會有好的報應，行惡會有壞的報應。為什麼要強調這一點？如果人類的生命來自於天，人類應該如何做人處事、這一生的目的何在，也同樣要推到天。天必須指導我，讓我知道這一生該怎麼做？「天佑下民，作之君，作之師。惟其克相上帝，寵綏四方。」（《書經．泰誓》）上天生下老百姓，立了國君，立了老師，就是希望國君與老師幫助上帝照顧四方的百姓。這句話很有代表性，人類活在世界上，無論知或不知、信或不信，生命總是有一個最初的來源及最後的歸屬。

古人相信人的一生就像旅行，但不該白白走過。有了這種信念才能安定下來，創造發展人類文化，盡量讓每一個人都有機會展現天賦的潛能，成為一個君子，這是儒家的理想。到了孔子的時候，這樣的信仰已經漸漸模糊了，因為天子的德行很差。我們平常講聖王堯、舜、禹、湯，但夏朝最後有夏桀，商朝最後有商紂，都壞得不得了。周朝到孔子的時代，西周也結束了，幽王、厲王都不好。往往在開國的時候，那些國君能夠做到天的要求，戒慎恐懼，盡忠職守。而後權力使人腐化，「作福作威玉食」（《尚書‧洪範》），玉食就是錦衣玉食。老百姓苦得不得了，所以開始抱怨天。《詩經》提到「視天夢夢」，那個天就像做夢一樣，怎麼沒看到壞人這麼猖獗，好人這麼委屈呢？就是因為人民相信天會賞善罰惡，才會如此抱怨天。

古人信天，帝王稱為「天子」，具有雙重意義：第一，天是人間政權的基礎；第二，天子代表天。古代帝王喜歡說「予一人」，代表天與老百姓之間，就是我一個人擔任代理。要做什麼事呢？好的帝王會說：「朕躬有罪，無以萬方；萬方有罪，罪在朕躬。」（《論語‧堯曰》）我本人如果有罪，請不要責怪天下人；天下人如果有罪，都由我一個人承擔。壞的帝王則是我一個人享福，天下人都來侍奉我，這樣的治理方式當然會產生問題。即使如此，如果請教孔子相信什麼，他還是會很清楚地說他相信天。衛國兩派在爭鬥的時候，衛國大夫想拉攏孔子，「與其媚於奧，寧媚於竈」，孔子說：「不然，獲罪於天，無所禱也。」（《論語・八佾》）代表孔子肯定對天禱告是正確的，對鬼神禱告卻不太適當，鬼神是人類的祖先，難免會有偏心，天則是至高無上的，完全公平。然而孔子的學生們未必了解這些，以下舉幾個例子。

子路和孔子的對話，有兩次談到了天，一次是「子見南子，子路不悅」（《論語・雍也》），孔子發誓：「我所做的如果是不對，讓上天來厭棄我吧，讓上天來討厭我吧。」子路不一定明白這話，他只知道孔子是相信天的。

《論語》有兩次孔子生病的記載。孔子在魯國擔任過大夫，後來退休了，所以沒有資格組織治喪委員會，有一次，子路看到孔子病得很嚴重，加上他認為孔子很偉大，便號召其他學生組成治喪委員會準備替孔子辦後事。「子疾病，子路使門人為臣。病間，曰：『久矣哉，由之行詐也！無臣而為有臣。吾誰欺？欺天乎？』」（《論語．子罕》）結果孔子病情轉好，責怪子路，還說自己要欺騙誰呢？從孔子對子路說的「天厭之」、「吾誰欺？欺天乎？」這兩句話來看，就知道「天」絕對不是一般自然界的天空，而是古代所信仰的天。天可以討厭你這個人，並且你別想欺騙它。

還有一次，孔子病得很重，子路請示要做禱告。子疾病，子路請禱。子曰：「有諸？」子路曰：「有之。《誄》曰：『禱爾于上下神祇。』」子曰：「丘之禱久矣。」（《論語．述而》）看來孔子沒有教過學生在生病時要禱告，孔子自己生病時也不會禱告，所以他問有這種事嗎？子路說有啊，古代的經典有提到，「禱爾于上下神祇」，就是「我為你向上下神祇禱告」。古時候講天神、地祇、人鬼三種，都是超越人間的靈異世界。孔子則回說：「如果是這樣的話，我的禱告已經很久了。」可見孔子只向天禱告，所以子路為他向天神地祇來禱告，那不是他要禱告的對象。其次，平常就要同鬼神保持好的關係。我們知道孔子很虔誠，他和鬼神一直保持良好的關係。孔子最慎重的事是「齋」（《論語．述而》），對於祭祀極為虔誠（《論語．八佾》），平日飲食每飯必「祭」（《論語．鄉黨》），雖然是粗糙的飯與菜湯，也一定要祭拜之後再吃，態度一定恭敬而虔誠。古人每次用飯時，會取出一點食物，放於食器之間，祭最初發明熟食的人，表示不忘本，這也是禱告的一種方式。

從生活細節可以看出孔子的宗教信仰。孔子不是宗教家，從來不向人傳教，也沒有教學生如何禱告。西方學者認為中國有三大宗教，儒教、道教、佛教。他們的依據是：國家藉著儒家能產生宗教的效果，很多官員把天子當作天一樣，皇帝再怎麼糊塗，也認為是天命難違。人總是要問自己，有沒有一個絕對的信念，如果沒有，生命變成相對的，沒有一定的原則，所以寧可把天子當成信仰的對象。我們分辨宗教必須具備五個條件：第一，教義。亦即真理，直接說出一些理性不能解答的問題。譬如，人為什麼要活在世界上？宗教可以立刻給出答案，佛教說是前世的「業」還沒有消除，要積功德，基督宗教則認為要崇拜神，拯救自己的靈魂。但是這個問題，哲學家思考一輩子，也找不到合理答案。

第二，儀式。宗教必有儀式，莊嚴神聖，並且會有相對應的神話，兩者互相配合。這麼做有兩種用意，一是透過神話讓人們相信，二是藉由儀式把過去發生的事再次重現。基督徒每年都要過耶誕節、復活節。佛教徒也有浴佛節和各種齋戒。宗教儀式與神話配合，讓人活在世上能有勇氣往前走。從小到大各種偏差的言行會形成罪惡的鎖鍊，把人綑得緊緊的，很難喘息，宗教便利用贖罪儀式，定期為人赦免，讓人能夠重新開始。每一個人都有重新做人的願望，宗教就提供這樣的機會。所以教徒始終存著希望，因為可以回復純潔的狀態。不管一個人幾歲，只要經過儀式洗禮，就像純真的小孩一樣，可以重新開始。

第三，戒律。宗教一定有戒律，要嚴格遵守。這個戒律不只注意外在的言行，還要直接進入動機與意念之中。起心動念，都要掌握。法律是規範行為的，有念頭但沒有做出來，不算違法。但是在宗教裡面，一旦有了念頭，就已經犯了戒律。所以信仰宗教所產生的嚴格壓力，是一般人難以想像的。

第四，宗教一定有其團體。有信仰之人需要長期訓練，才能成為僧侶階級或是牧師、神父這樣的團體。為了傳教，他們必須懂得教義，能夠舉行儀式，執行戒律以維持宗教的發展。

最後，學理。一個宗教要把道理說清楚，在傳教時不能光靠教義，還要用一般的語言向大眾推廣。

宗教具備以上五個條件，前面三項特別重要。儒家不是宗教，因為沒有儀式，並且儒家不談生前死後，只能說是對生命意義的覺悟，朝聞道夕死可矣，但無法解釋死後是什麼情況。每年舉辦一次的祭孔典禮，固然是盛大的活動，若是宗教，怎麼可能一年才舉行一次儀式呢？基督徒每週一次，佛教徒初一、十五每月兩次，如果是伊斯蘭教徒就更嚴格了，一生至少要去麥加朝聖一次，平常每天五次，要面向麥加跪下來禱告。但是儒家沒有這樣的儀式。

儒家不是宗教，但確實帶有宗教色彩。彰顯了宗教情操。學習儒家，會感覺生命永遠有一種奮發向上的動力。人性向善，「向」這個字就是生命動力的來源。若能透澈了解儒家的哲學，這種宗教情操就可以得到解釋。但不可說人性本善，若天生就是善的，就沒有向上提升超越的必要了。

另一方面，有這種宗教情操之後的行為表現，也能追求無私、至善，這與教徒的慈悲和博愛是類似的。孔子的志向與其他宗教家的理想類似，屬於同一個層次。所以儒家不是宗教，但是有宗教情操，也有類似宗教信仰的效果。孔子本人是相信天的，但並未想去創造一個宗教。

## 知天命，畏天命，順天命

孔子說自己「三十而立，四十而不惑，五十而知天命。」（《論語・為政》）孔子在五十歲前後，生命發生重大的變化。他五十一歲出來做官，不是為了得到權力與富貴，而是他知道天命所在。天命包括兩個要點：第一，了解命運。命運是無奈的、盲目的、不可預測的，也稱為遭遇，不是人可以自行選擇的。第二，領悟使命。使命是主動的，能夠自行選擇，認定一個目標，努力去做，使生命出現希望。孔子五十而知天命，表示他兼顧了命運和使命。也有人說，孔子五十歲的時候學會了《易經》，知道怎麼占卦。這也可以說得通，因為占卦之後，就知道自己可能遇到什麼情況，但是這不會妨礙他去實踐使命。

我在解讀時，主張要把孔子「六十而耳順」的「耳」字去掉。我總是想盡辦法不要更改《論語》中的任何一個字，畢竟這是非常嚴肅的事情，但是這個字非改不可。為什麼？第一，《論語》裡「耳」字出現四次，有兩次都當語助詞。像孔子同子游開玩笑，說他在武城聽到弦歌之聲，是割雞焉用牛刀，他說「前言戲之耳」（〈陽貨〉）。另一次也跟子游有關，子游當縣長，孔子說「女得人焉耳乎」（〈雍也〉），你找到什麼人才了嗎？「耳」這個字當作語助詞使用。「師摯之始，《關雎》之亂，洋洋乎！盈耳哉。」（〈泰伯〉）演奏這首樂曲的時候，耳朵裡面充滿了音樂的聲音，這裡的「耳」才能解釋為耳朵。如果「六十而耳順」當耳朵的話，找不到相關的說明，無法理解「耳順」是什麼意思。孔子之後的《孟子》、《荀子》、《中庸》、《大學》到《易傳》，都是先秦著作，當然有的是在秦漢之際才編成的，但沒有任何一個地方提到耳順，這不是很值得懷疑嗎？耳順是孔子六十歲的境界，怎麼可以不提呢？孟子不提耳順，他說「順天者存」（《孟子・離婁上》）；《易傳》說得更清楚，順天命，沒有任何地方提到耳朵怎麼樣了。

孔子從五十五歲到六十八歲，周遊列國，在各國間遊走會瘦的是腿，跟耳朵有什麼關係呢？所以「六十而順」是順天命。五十而知天命，六十就要順天命。

《論語‧季氏》中，孔子說：君子有三畏。三種敬畏的對象，第一，畏天命，敬畏天命；第二，畏大人，尊重政治領袖；第三，畏聖人之言，聖人說的話我們要敬畏，好好地來學習實踐。孔子接著說：「小人不知天命而不畏也。」小人不知天命，就不會敬畏天命，因此孔子說「五十而知天命」，表示他敬畏天命。天命就是天的命令。知道天的命令，敬畏天的命令，接著就要順從天的命令。也就是因為順從天的命令，孔子周遊列國的時候，碰到危險也不在乎。

儀地負責守疆界的封人對孔子的學生說，有名望的君子經過這裡，我都會同他談一談，所以請你們安排我跟你們老師孔子會面。談完之後，儀封人居然對孔子的學生說：「天下之無道也久矣，天將以夫子為木鐸。」（《論語‧八佾》）木鐸是木舌銅鈴，敲起來的聲音比較低沉，代表要宣傳教化。上天要以你們老師作為教化百姓的木鐸。從這一段話可以看到「天」的概念出來了。孔子六十而順天命，無論他到那裡，別人會說是天要讓你們老師當教化百姓的一個工具。周遊列國期間，孔子兩次差點被殺，他都把天抬出來。正因為他在順天命。這樣的說法比較合理，也就是說「六十而順」，如果要堅持有一個耳朵，那麼從來沒有人講得清楚這個耳朵是怎麼回事。

朱熹是一位了不起的學者，念了很多書，但是他有些異想天開，把孔子講得太完美了，好像他是與眾不同的超人。朱熹說，耳順就是「聲入心通，無所違逆，知之之至，不思而得也。」他說孔子到六十歲的時候，聽到聲音，心裡就能有所了解，沒有任何違逆。但這不是鄉愿嗎？這怎麼會是孔子呢？這跟他六十歲有什麼關係呢？「不思而得」是《中庸》用來描寫聖人的，孔子是聖人嗎？當然是，但他不認為自己是聖人。他曾經公開說過：「若聖與仁，則吾豈敢？」（《論語・述而》）孔子講得很實在，對自己也很了解。我有一位美國朋友，是研究儒家的權威，他堅持要有一個「耳」字。理由是聖人的「聖」，是耳、口、王的組合，代表聖人聽覺特別敏銳，一聽就懂。人常用的兩種感官，一是眼睛，二是耳朵。雖然我們說「眼見為憑」，但是視覺的範圍有限，所以，一個人要有豐富的知識與深刻的智慧，一定要用耳朵。聽了很多稀奇古怪的事情，就要判斷真假；眼睛有時候還會看錯，比如將筷子放入水中看起來是彎的。「聖」原是指聰明，後來才變成完美德行。但這種說法正好不是孔子的意思，孔子不會暗示大家，他到六十歲就是聖人了。

關鍵在於五十而知天命，接著就要敬畏天命，然後就要順天命。孟子講「順天者存，逆天者亡」，到《易傳》直接說「順天命」三個字。我們注意到孔子之後的這些先秦儒家經典，並沒有提到耳朵順不順，但卻多次提起順天命，為什麼？因為孔子講六十而順，是順天命。他的言行表現在周遊列國時，正好可以證明，這就是孔子信仰之具體的表現。

孔子說自己「十有五而志於學，三十而立，四十而不惑，五十而知天命，六十而順，七十而從心所欲不踰矩」，每一句話都有一個動詞作為關鍵。「志」、「立」、不「惑」、「知」天命，不「踰」矩，都是動詞，那麼，六十而耳順應該說成六十而順耳吧，對不對？想通之後，對於孔子的表現就比較容易理解了。

## 尊重民間信仰

孔子尊重民間的宗教信仰。《論語・鄉黨》：「鄉人儺，朝服而立於阼階。」「儺」這個字，就是鄉下老百姓每年在固定的季節，舉行驅鬼的儀式。人們穿上各種特殊的服裝，敲鑼打鼓，遊行街頭。孔子是知識份子，但不會嘲笑和批評這樣的行為，而是表示尊重，他穿上朝廷正式的服裝，站在家裡東邊的臺階上向他們致意。古代的房子坐北朝南，臺階在東、西兩側，站在東階，表示自己是主人，客人則由西階進出，所以往往稱客人為「西賓」。主人之外，只有國君走東邊的臺階，因為全國都是屬於他的。孔子態度嚴肅，因為信仰要看機緣，要看是否受感動，即使自認為所信的是名門正派，也無權批判其他的宗教是邪教。只要是正派宗教，都值得尊重。一個人有宗教信仰，自然敬畏鬼神，懂得收斂自己，人間光靠法律是不夠的，只能維持表面的秩序。

歐美社會，人們在法庭上作證時，都會手按《聖經》，發誓所言都是真話，這前提是當事人要信仰《聖經》，如果不信，那有什麼用呢？西方社會假定大家都是信上帝的，美金紙幣上也印有in God we trust，但是錢與上帝根本風馬牛不相及，並且信仰上帝的人不太在乎錢，而愛錢的人都不太信上帝。不過把這兩者湊在一起，反映了美國人的特色。

這樣的方式用於中國人不一定行得通，因為上帝並不是一般中國人的信仰，說不定還有人認為又不相信，就算手按《聖經》，說假話也沒關係吧？於是蔣夢麟在《西潮》一書中提到，中國人是由同宗的長老，像法官一樣來進行審判，雙方進入祖先的祠堂，面對祖先的牌位，這時候就要說真話了。因為我們敬畏祖先，有如西方人敬畏《聖經》與上帝。如果只看法律條文，一定是各說各話，很難找出客觀公正的結果，但是有宗教力量當作憑藉，人就必須誠實，不能欺騙鬼神。一個人有了信仰，約束力就增加了。但也不能完全靠信仰，基本上還是需要人文教化。所以儒家作為一個長遠的傳統，並不提倡要信仰宗教，但也不反對如此，因為它是一種人文主義，強調生死之間的真誠，又能把人類自然發展出來的祖先崇拜，和人類對天的信仰結合起來，使生命可以得到安頓。

有些人雖有信仰，但可能變成迷信，到處求神拜佛，希望得到神佛的保佑。這是一般人的心態，稍加嚴格檢驗，就知道行不通。如果祭拜鬼神獻上豐盛的祭品，鬼神就會接受的話，那代表鬼神也是貪財的。如果一個壞人不做好事，光是獻上豐盛的祭品，鬼神若是因此而上當，那代表鬼神也不夠聰明。古人相信什麼？古人相信鬼神是很聰明的。

司馬遷的《史記》用八個字形容堯，「其人如天，其智如神」。他的仁德像天一樣，天是沒有不覆蓋、不照顧的。他的智慧像神一樣。因為鬼神不像我們有身體，身體會蒙蔽我們，本能會使我們看不清真相。神最聰明，因為他沒有身體，無所不在。在春秋時代，兩個國家締結盟約的時候，最後都會加一句「明神鑒之」，讓明智的神來做見證。只要違背這個契約，神會知道的，會來主持正義。這些都反映了古人的信仰。

究竟有沒有超越界的存在？這裡提出三個理由來說明我們的肯定。第一，充足理由原理。任何東西如果沒有充分的理由，就不會存在。有種子才能長成樹苗，再加上陽光、空氣、水的滋養，如果沒有這些充足的理由，不可能長成大樹；又如，人因為有父母親，所以才會存在。宇宙中，任何東西的存在都需要有個理由，用哲學的角度說明就是充足理由原理。這麼一來，會衍生出另一個問題，宇宙憑什麼存在？有兩種可能，第一，它自己存在。如果宇宙自己存在，宇宙就是神了，然而宇宙一直在變化之中，不可能自己存在。古人不一定懂這個道理，他看到變化，知道這代表有些地方不斷在調整，也就不是圓滿的東西，因為真正圓滿的東西沒有任何變化。事實上，自然科學家已經告訴我們了，宇宙的出現是在一百四十億年前的大霹靂，也有一說是黑洞，然後才出現了宇宙，然後再經七十到八十億年，宇宙會歸於寂滅。可見，宇宙有開始也有結束，那麼它的充足理由在哪裡？它不可能莫名其妙就出現。也有人主張宇宙是偶然出現的。從這裡再延伸出另一個問題，人類是怎麼出現的呢？你願意接受人的一生是偶然的嗎？若是接受這樣的說法，就不要想這麼複雜的問題，反正一切皆是偶然。人類有理性，無法接受這樣的說法，而會要求任何東西都要有充分理由才能存在，所以應該有一個超越界，使得這個宇宙可以存在。

第二，要解決或解釋人生三大悲劇「痛苦、罪惡、死亡」，就需要有一個超越界。誰能說明人生為什麼會有痛苦？痛苦是提醒我們需要改變，是為了敦促我們不斷修練。誰能說明人間為什麼有罪惡？罪惡警惕我們：人是軟弱的，要寬待別人，也要謹守規範。最後，死亡是人的歸宿嗎？這一生如果沒有找到一個解釋，怎麼能安心呢？所以，為了解釋三大悲劇，需要有一個超越界，有人把它稱作神，有人把它稱作涅槃。

第三，每一個人在一生中遲早都會出現一種情況，在西方叫作絕對的依賴感受。平常我們只有相對的依賴，譬如，出門吃飯要依賴錢，這是相對的。錢可多可少，用完了再努力去工作，這是相對的依賴。我們都需要朋友，但是真的沒有朋友的話，仍舊要努力活下去，這一切都是相對的依賴。但是某些時刻人會捫心自問，我的生命到底是怎麼回事？有沒有絕對的力量可以讓我依賴？

這種感受一旦出現，只有超越界可以提供答案。

這三點是西方宗教哲學的基本共識。人活在世界上，為什麼要談到「天」呢？介紹道家的時候，我們要問，為什麼要講一個「道」呢？講了道之後又說「道可道非常道」，反而弄得更複雜了。我們不要以為這些思想家是沒事找事，儒家的天、道家的道，都代表了超越界，和西方所說的存有本身，或基督宗教的上帝、印度教的梵天，以及佛教的涅槃，都表現類似的功能和特色。

# 第三講：完美的生命

我們介紹孔子的思想，從《論語》找到主要的材料加以整合與說明，可以清楚看到他展現一個完整的生命，有身、有心、有靈。人有身體，活在世界上當然希望能做點事，究竟要怎麼做才能產生最好的效果，對自己和他人都有所幫助呢？孔子曾說「君子疾沒世而名不稱焉」（《論語・衛靈公》）。君子引以為憾的是，臨死時，沒有好名聲讓人稱述。這是很合理的想法，卻可能引起別人的誤解。有些研究孔子的日本學者認為儒家是好名主義。莊子也批評一般人喜歡利益，而儒家則是好名。

什麼叫好名呢？做好事，照顧百姓，留下好的名聲，最後刻幾個石碑紀念。莊子認為好利與好名沒有什麼差別，都是犧牲真實的生命去迎合外界的要求。活著時得到的東西，死了之後能帶走嗎？晉朝張翰有一天見秋風起，想到故鄉吳郡的菰菜、蓴羹、鱸魚膾，說：「人生貴得適志，何能羈宧數千里，以要名爵乎？」於是棄官而去，有人勸他不要只是顧及一時的快樂，要好好做一番事業，將來留個好名聲。他說：「使我有身後名，不如及時一杯酒。」（《世說新語・任誕》我們也知道這個地球上曾經存在的人超過一千億，一代一代下來，有幾個人的名字被記得呢？對已死的人來說，又有什麼意義呢？現在活著的是七十億，名聲從何說起？

## 對己要約，對人要恕，對物要儉，對神要敬

孔子除了說「君子疾沒世而名不稱焉」之外，還講過一句話，「君子去仁，惡乎成名？」（《論語・里仁》）君子如果離開人生正途，憑什麼成就他

的名聲？孔子說君子要成名，是要以行仁而成名。行仁是孔子的核心觀念，從人性向善，到擇善固執，最後止於至善。生命能夠環繞著仁而展開，等於是把萬物之一的平凡生命，屬於人的「靈」的部分，完全實現出來，永垂不朽。有關這方面的論證，《論語》較少，《孟子》就很豐富。孟子說的「浩然之氣」是「至大至剛，以直養而無害，則塞於天地之間。」（《孟子・公孫丑》）最盛大也最剛強，以真誠培養而不加妨礙，它就會充滿在天地之間。渺小的人所培養的浩然之氣，能夠充滿在天地之間，這是幻想嗎？人本來就有人格，選擇某種信念，堅持某種原則，長期實現下去，久而久之，生命就有它的力量。

英國哲學家懷德海（Alfred North Whitehead, 1861-1947）說「教育就是風格的培養」。風格表示言行有一個標準，久而久之，別人看一件事是怎麼做的，就知道那是誰的風格。我們常聽到「領導風格」一詞，當領袖有什麼風格？人總會堅持某些原則，沒有堅持就沒有人格，沒有堅持就沒有風格。堅持是要付出代價，很辛苦的。所以孔子說，君子離開仁（人生的正路），憑什麼成名呢？這樣一來就不能說孔子光想成名了。

儒家作為一派哲學，歷經兩千多年，能夠留給我們什麼啟發呢？簡單來說，它留給我們一套完整的價值觀。人類是唯一可以使用「價值」這個詞的生物，除了人類之外，其他生物只是活著而已，與價值無關。這種說法並沒有貶低別的生物的意思，生物只有兩種本能，第一是生存，第二是繁殖。即使是一隻獅子，森林之王，再怎麼威武，也脫離不了生存和繁殖，並且到一定時候就會被淘汰。其他還有什麼生物有選擇的可能呢？價值來自選擇，選擇需要主體。只有人類有價值，意思就是說只有人類可以思考、選擇、判斷、付諸行動，進而構成一種特殊的生命主體，是我在選擇，所以就構成了我的價值。如果我選的都是不對的，都是錯的，一路累積下來，我的生命不但沒有價值，還有負價值，就變成惡人了。

怎麼分辨善惡呢？確實很難。西方哲學不願對善惡下定義，而是強調善不能定義。他們說善是惡的反面，惡是善的反面。有個簡單的方法，我覺得很可取。英文單字 live 代表活著，可是把字母排列順序前後顛倒後，就變成了 evil，邪惡。凡是壓制生命、消滅生命的，就是邪惡。換句話說，邪惡就是讓生命活不下去，讓一個人活著沒有希望。所以，你做的事情讓別人受不了，讓別人活得沒有樂趣，甚至把別人給殺了，這是邪惡。現在我對一個人說：「你活著也沒有什麼希望。」那麼我就是邪惡，因為我不給他希望。教書的時候，一定要讓學生充滿希望，否則老師就有邪惡的嫌疑。

把別人的錢拿走，這是邪惡，因為讓人減少希望，更別說是奪取別人的性命。因此，所有的法律都反對殺人，反對說謊，反對欺騙，是因為這都是對生命的壓制和迫害。孔子是反對自殺的，儒家的價值觀不但讓你活下去，還能讓你活得有方向、有動力、有尊嚴。這樣的價值觀一定構成一個階梯式的、往上發展的系統。我們把它統合歸納起來，用三個階段六個層次來說明。

第一，自我中心階段；第二，人我互動階段；第三，超越自我階段。這三個階段都與自我有關，代表價值不能離開行動的主體。沒有人作為主體，事情就沒有所謂的好與壞。美也是一種價值，說一朵花很美，就要問是誰說的，是誰在欣賞？如果沒有人在欣賞，美與醜就不能成立。一隻蚊子飛到一朵花上，牠只是覺得可以在這裡稍作休息，並不是覺得這朵花很美。真善美這些價值，只有對人類才有效，對其他生物沒有這樣的問題。儒家的價值觀在每一個階級都有兩個層次。在自我中心階段有生存及發展；在人我互動階段有禮法（禮儀與法律）與情義（有情有義）；在超越自我階段有無私與至善（止於至善）。你把這三個階段六個層次的價值觀先列出來，就知道人的一生要怎麼走，一步一步往上，有其順序。

自我中心階段屬於人類的本能。人就算沒有受過教育，也知道要努力求生存，然後想盡辦法爭取資源，亦即發展。人在受教育之後，才知道在發展的時候不能不擇手段，而要依照法律、禮儀而為。儒家反對自殺，因為生存是第一種價值，是必要的。人總要活著，才有希望往上成長。孔子稱讚管仲，不像匹夫匹婦在山溝裡面自殺。許多人批評管仲，但齊國內亂的時候，彼此是敵對的關係，一旦平定下來之後，大家都是齊國人。如果在競爭的時候是對立的，穩定之後繼續對立，非要你死我活，這根本不是人生正路。該效忠的不是一個人，而是一個國家；該造福的不是特定的人，而是全體百姓，這才是儒家的立場。所以孔子反對自殺，如果管仲也像別人一樣自殺，就沒有春秋霸主齊桓公，齊國早就變成一盤散沙了。孟子雖然公開說他看不起管仲，但他們的立場是一致的，只是因為時代不同，關注的重點也不同罷了。孔子認為一個人在年輕的時候做錯事，就要用將來的成就來彌補，這才是比較正確的人生選擇。人不能因為一時走偏便放棄自己。只要活著，就有重新開始的機會，也才能夠改過遷善。儒家認為，在自我中心的階段，生存是第一價值。

第二，發展，可以用「富貴」兩個字來概括。孔子說「富與貴，是人之所欲也，不以其道得之，不處也。」（《論語・里仁》）誰不喜歡富貴？只要取得的手段正當，沒有人反對。但一個人如果只注意到自我中心的階段，往往會不擇手段，踩著別人往上爬，把別人當成利用的工具。價值觀就好像階梯，讓人往上不斷提升，達到人我互動階段。在和別人互動時，要「守法而重禮」。法律是消極的約束，讓人不至於做出違背整體和諧的事，讓人不做壞事，但無法鼓勵人做好事。

光靠法律是不夠的，還需要禮儀。孟子也說一個國家要安定，需要三種秩序，第一，爵位。也就是官員，大官管大事，小官管小事，是主管就要負責。

第二，年齡。大家聚餐時，按照年齡來安排位子比較公平。如果還是請長官，他上班的時候已經是首席，下班還坐首席，難怪大家都想做官。活得愈久，坐的位子愈高，那才是敬老尊賢。第三，德行。有關文化、禮儀，最好以德行作為考慮的重點。爵位、年齡、德行，就好像鼎的三隻腳，一旦缺了一隻，社會就再也站不穩了。

人我互動的時候要注意守法而重禮。但是這樣還不夠，還須再進一步，有情有義。有情有義有兩個條件，第一，情義的對象是你認識的人，家人、親戚、同學、朋友等。第二，有情有義一定是自己有所損失。損失了財物、時間，力氣。如果不願意有所損失，就不可能有情有義。「朋友死，無所歸。曰：『於我殯。』」（《論語・鄉黨》）朋友死了，沒有人料理後事，孔子說我來負責喪葬，這叫雪中送炭。子路的志向是標準的有情有義，車馬衣裘，與朋友共敝之而無憾。我的車、馬、衣服、棉袍跟朋友一起用，用壞了也沒有任何遺憾，這就是有情有義的最佳典範。

《世說新語》有一則阮裕焚車的故事。阮裕看到《論語》中子路的表現之後，就想要超越子路。他是縣裡面的有錢人，特別訂製了一輛非常豪華的車子準備借給所有的人使用，因為子路只借給朋友。有一個人母親過世，想跟阮裕借車來運送棺木，可是覺得與阮裕素昧平生，成功機會不大，因而打消了念頭。這事傳到阮裕耳中，他說：「我有這麼好的馬車，別人不肯來借，留著有何用？」於是一把火把馬車給燒了，而這一燒所留下的故事，代表阮裕超越了子路。

《世說新語》裡有情有義的故事其實還不少。顧榮有一天參加朋友的聚會，主食是烤肉，十幾個客人一人一塊，顧榮發現負責烤肉的人，烤了一天卻都沒吃到。顧榮就說：「怎麼可以讓一個人整天烤肉而不知道肉的滋味呢？」這句話講得多好，多麼具有同情心與人道精神。後來遇上戰亂，顧榮逃難之際，發現每到危急時刻，都會有一位勇士在身邊護衛自己，顧榮不解，問他為什麼要這麼做，這才知道他就是以前得到那塊烤肉的人。這些仗義之輩很多都是屠狗之輩，我們這些讀書人有時候反而做不了這麼有情有義的事情。

若只知追求生存與發展，孔子不收這樣的學生。因為就算孔子不教，他也懂得要去追求生存與發展。光是守法而重禮，孔子也不收，因為守法而重禮是社會最基本的要求。要做孔子的學生，就須從有情有義開始，這也是子路的志向，重視朋友的情義超過財物。交朋友是緣分，值得珍惜，錢財是身外之物，與其留到最後帶不走，不如活著的時候讓朋友們都過得愉快一點，這是多麼好的一種想法。

但是子路這樣做還不夠，我們常常談到六個字，「不錯但是不夠」。怎麼樣才夠？那就要看顏淵的志向，就是不要誇耀自己的優點，不要把勞苦的事情推給別人，這是無私。超越自我的第一種價值是無私，完全沒有私心，不會自我膨脹，不會執著於自己的要求。顏淵就設法做到這點，「無伐善，無施勞」，實在很不容易。一般人通常是反過來，就怕別人不知道自己的優點，到處宣傳。有什麼勞苦的事，則推給別人去做。顏淵的志向是要超越自我，不要考慮自我的利益，不要考慮自我的要求，而是把它化解了。這一化解就成為孔子口中的典型人格，稱作君子，顏淵就是要成為君子。

## 人性向善，擇善固執，止於至善

《論語》有幾段孔子所說有關君子的話，「君子和而不同，小人同而不和。」（《論語‧子路》）「和」就是演奏音樂的時候，各種樂器發出不同的聲音，相互可以和諧。「同」就是一言堂，只能我說話，你不能反對我。君子要尊重差異，設法異中求同，讓大家都有路走，每一個人發展個性，又能化解自我的執著。像孔子回答魯定公「一言而喪邦」的問題，答案就是「予無樂乎為君，唯其言而莫予違也」，我當國君沒有什麼樂趣，除非你們都聽我的話。所以孔子說君子和而不同，是要設法化解自我的執著。這個社會都強調自我實現，年紀輕輕就要追求自我實現，但是也同時要了解「和而不同」的道理。

第二句話，「君子周而不比，小人比而不周。」（《論語‧為政》）君子開誠布公而不偏愛同黨，小人偏愛同黨而不開誠布公。君子是能夠做到普遍愛護每一個人，而不會只關心少數幾個朋友。小人則是相反，只關心身邊的朋友，不在乎大多數人。

第三句，「君子泰而不驕，小人驕而不泰。」（《論語・子路》）「泰」就是舒泰，君子沒有什麼執著，神情很舒泰，不會驕傲。驕傲就是自我中心，總是想要勝過別人。君子是泰而不驕。孔子還曾講過一句話：「如有周公之才之美，使驕且吝，其餘不足觀也已。」即使擁有像周公這麼傑出的才華，如果既驕傲又吝嗇，就根本不值得欣賞。每次大學聯考之後，我都會提醒那些考上醫學院、法律系、電機系的學生：每一年都有人考上同樣的學校、同樣的科系，如果沒有正確的價值觀，最後進入社會，就只有四個字可以形容——自私自利。這個社會不需要這麼多自私自利的人。考試考得好，最後你個人很得意，發財升官又如何？對社會有什麼幫助呢？所以談到所謂化解自我執著的時候，稱作「君子泰而不驕，小人驕而不泰」。

再者，「君子矜而不爭，群而不黨。」（《論語・衛靈公》）君子自重，不與人爭，合群但是不結黨營私，君子沒有什麼私心，最後的效果是大家熟悉的「君子坦蕩蕩，小人長戚戚」（《論語・述而》）。為什麼坦蕩蕩，因為沒有私心。小人長戚戚，有自我的執著就會煩惱，為什麼別人比我得意呢？為什麼他老是遇貴人、我老是遇小人呢？所以從孔子這一系列有關君子的談話，就知道顏淵的目標就是要化解自我的執著，設法做到無私，也才合乎君子的標準。所以孔子提到君子這個典型人格的時候，我們也不要想得太複雜。

我年輕的時候念《論語》，常覺得很自卑，好像孔子口中只有兩種人，不是君子就是小人。孔子說「君子喜歡的是道義，小人喜歡的是利益」，誰不喜歡利益呢？有好處一定要搶一點，光談道義的話，就太麻煩了。後來我才知道孔子口中的君子，往往是強調「立志」成為君子的人，小人就是沒有立志，身體長大了，心態還跟小孩子一樣，只考慮自己的欲望、衝動、各種本能的需求。君子因為有志向，生命就不斷地進展，每天都是新的一天，會感覺生命是自強不息的。

孔子和子路、顏淵討論志向的時候，當子路、顏淵說完自己的志向時，子路請教老師的志向，孔子說的「老者安之，朋友信之，少者懷之」（《論語・公冶長》），就是止於至善。這不只是孔子個人的志向，作為哲學家，他的志向是提出來給人類參考的。他也認為，只要是人，就應該考慮這樣的志向。

那麼，該怎麼做到呢？我舉一個例子。有一次，國學大師錢穆先生到軍中演講，雖然他沒有當過兵，但他說：「你們站崗的時候，如果全神貫注、全力以赴，站得非常好，連上將都無法站得比你們好，那你們就是小兵的聖人，聖人的小兵。」站崗是小事情，但是努力做到盡善盡美，扮演某個角色的時候，盡力而為，在這個角色上成為聖人。他反覆說「聖人的小兵、小兵的聖人」，如果當了鄉長，就要照顧全鄉的人；當了縣長，就要照顧全縣的人，當一個公司的老闆，我就要照顧公司的員工，這就是儒家的思想。能夠隨著能力、身分、角色的改變，不斷擴張自己所能照顧的範圍，而不是立刻就要讓天下所有老人如何、所有小孩如何。孔子的意思是，要隨著所處條件改變而範圍愈來愈擴大，因為善是我與別人之間適當關係的實現。因為人性向善，我們這一生要不斷地行善，就必須不斷地跟別人之間建立適當的關係，按照我特定的身分來做。這就是儒家的思想。

## 真誠，悅樂，圓滿

很多人都喜歡選一個字當座右銘，那麼，我們從儒家可以學到什麼？第一，對自己要「約」；第二，對別人要「恕」，亦即「己所不欲，勿施於人」；第三，對物質要「儉」；第四，對神明要「敬」。這四個字包含人生的四方面，也就是人生的全方位考慮。

第一，對自己要約。一方面，我們最大的敵人是我們自己，因為我們很難革除自己的毛病。明朝著名思想家王陽明說：「去山中之賊易，去心中之賊難。」把山上的盜賊趕走很容易，去掉我心中的賊很困難，為什麼？孔子說過，君子有三戒，「少之時，血氣未定，戒之在色；及其壯也，血氣方剛，戒之在鬥；及其老也，血氣既衰，戒之在得。」（《論語・季氏》）另一方面，我們最好的朋友也是我們自己，因為如果不能跟自己做朋友的話，只想著自己跟自己是敵人，那就自我分裂了。所以要珍惜、愛護自己，把自己當好朋友，這兩方面並不衝突。一方面知道自己有毛病，人有身、心、靈，該修練就設法修練，克制自己的各種毛病。另一方面把自己當好朋友，因為有身心靈可以往上提升，不可能透過整形、整容變成另外一個人，你還是你，想法觀念還是一樣。所以，在談到對自我的關係時，一個字就夠了。孔子說：「以約失之者，鮮矣。」（《論語・里仁》）因為自我約束，而在言行上有什麼過失，那是很少見的。什麼叫約束呢？話到口邊留半句，做事給人留餘地，得饒人處且饒人，這就是約。

一個人能夠自我約束，才可能成就生命更大的目標。如果把人生比喻為打獵，有兩個選擇：第一個選擇，一顆霰彈，一打出去散開來，隨便打都有幾隻小鳥、幾隻兔子；另外一個選擇是只有一顆達姆彈，但是可以打死一頭熊或一隻獅子，該選擇哪一個？很多人會選擇霰彈，目標很多，最後卻沒什麼成果。有的人選擇一顆子彈，可以獲取大的獵物，代表用一個目標約束自己。生命的力量集中，效果就不同。成功沒有僥倖，前美國NBA知名球星麥可・喬丹，看他打球就像在欣賞藝術表演，可是他說年輕的時候，每天要投五百個空心球才停下來，投到最後得心應手。《莊子》書中比麥可・喬丹厲害的人還有好幾個，他們也是一樣，經過長期的磨練，把技術變成藝術，最後出神入化。所以，第一個字是「約」，依此才能集中力量，完成偉大的工作。

第二，對別人要恕。恕並不是指寬恕，而是能夠體諒別人。如心為恕，如心就是將心比心，設身處地為別人著想。心理學很喜歡分辨兩個詞，一個是同情心，第二個是同理心。同情心很容易做到，譬如經過一個地方，看到乞丐在乞討，若手邊剛好有一些零錢，便能給予幫助。同理心的差別，可以簡單用五個字來說明，「假如我是他」。假如我是乞丐，雖然乞討，也有一定的尊嚴，會希望別人不要把零錢丟得那麼用力，讓其他人看到。人跟人相處，若能保有同理心，便能替別人設想，尊重別人，體諒別人的困難，人際關係自然就改善了。

「己所不欲，勿施於人」，走遍天下無難事，並且能夠體諒別人，別人也會有所回報，又好比送花之人，手有餘香。行善的受益人是自己，因為人性向善，行善滿足了人性基本的要求。所以做好事受益的不是別人，而是自己；做壞事則是先害了自己，因為違背了人性的要求，心中總是不安的。

第三，對物質要儉，就是節儉。這個世界真的需要我們稍加節儉。美國前副總統高爾編纂了一本書，《不願面對的真相》，在美國很多旅館，這本書被放在抽屜裡，取代了《聖經》。我們將來在很多旅館裡面，老闆們如果覺悟的話，也可以放一本《論語》，放四書也可以，讓別人看到《論語》、《孟子》、《大學》、《中庸》，睡覺前翻一翻，做好夢，多好！

有兩句話在提倡節儉的時候，可以作為參考：第一，不擁有不需要的東西。第二，東西用到壞為止。這兩句話很少人做得到，我也做不到。很多人擔心這樣會不會影響經濟發展，若是大家都那麼節儉，誰會去消費呢？我不是這個意思，我們也不要擔心，不要做過多的假設，我再怎麼樣鼓勵，也不會有人這樣做。為什麼要節儉？絕不是為別人好，而是對物質節儉，才能對自我約束，也才能對別人有情有義。一個人生活奢侈浪費，就是不約束自己。所以對於物質能儉的話，就可省下很多時間、很多力氣，然後可以做你願意做的事。

最後也是最特別的一點，對神明要敬。很多人沒有宗教信仰，但不妨把神明理解為祖先。中國人有一個傳統，即祖先崇拜。過年過節都要在家裡祭祖，如果能把祖先當作神明這個層次的話，心裡想到祖先，自然就會尊敬。敬包括敬畏與謙卑，敬畏鬼神，能夠使人謙卑，知道人的生命很有限，除了物質的需求，還有精神的需求。人的生命一路發展下來，最後總是會結束的，這一生要去追求什麼呢？身呢？心呢？還是靈呢？靈就跟我們一系列講的有關宗教、鬼神、孔子所信仰的「天」是連貫在一起的。孔子一生都很貧窮，但他說過自己「飯疏食飲水，曲肱而枕之，樂亦在其中矣。」（《論語・述而》）很貧窮但是很快樂。

在談孔子的時候，我們特別提到四大聖哲，也很自然地拿蘇格拉底、耶穌來對照。簡單做個結論，這幾位偉大的哲人，都有各自不同的生命經驗，但他們帶給我們的共同啟發是：人的生命有精神的層次。從世俗的眼光來看，他們並不是偉大的軍事家、政治家、征服家、科學家，更不是大企業家，但是他們留給我們人類的資產太多了。多少人受到他們隻字片語的感化，多少人聽了他們的教訓，生命因而充滿意義，知道人生該往哪裡走。孔子是一個平凡人，但讓自己抵達了不平凡的層次，每一個人都可以效法他。

最後，以一段簡單的《論語》故事來說明，孔子很想做一些事來幫助整個社會。春秋時代末期，各國分崩離析，內亂頻傳，佛肸是范中行的家臣，當時晉國趙簡子專政時，攻打范中行，佛肸是中牟縣長，據地反叛趙簡子。子路反對孔子前去幫忙，而且他說的也是孔子平日教的，「自己動手公然行惡者那裡，君子是不會前去的。」但孔子仍想透過晉國來使天下安定，孔子說：「我為什麼想去呢，我只是想藉著某一個國家振作起來，支持周朝來統一天下，這個國家的負責人對我好不好？他本身好不好？有時候不能管他，只能看自己有沒有機會去做。」但是最後孔子還是沒有去，他說：「不曰堅乎，磨而不磷；不曰白乎，涅而不緇。」（《論語・陽貨》）不是說最堅硬的東西，是磨也磨不薄的？不是說最潔白的東西，是染也染不黑的？孔子的生命就是既堅且白。《孟子》一書中，特別用曾參的一段話來介紹孔子。孔子的學生都很懷念孔子，他們就想推舉其中一位學生，來代替老師接受大家的行禮。曾參堅決反對，他認為老師不是別人能替代的，「秋陽以暴之，江漢以濯之」，我們老師潔白得不得了，秋天的陽光把他曬乾淨了，江漢的河水把他洗乾淨了，沒有人像我們老師那麼潔白。

學習儒家，要懷著真誠的心意，接觸《論語》這部偉大的經典，是希望從中得到智慧的啟發。在不同的年齡、不同的生命階段，肯定會有不同的心得。這一系列介紹孔子，只是提綱挈領，整理一些重點供大家參考。

文化文創 BCC012A

# 傅佩榮・經典講座
# 孔子：追求人的完美典範

作者 — 傅佩榮

總編輯 — 吳佩穎
責任編輯 — 盧宜穗
特約編輯 — 李承芳、魏秋綢
封面設計 — 斐類設計

出版者 — 遠見天下文化出版股份有限公司
創辦人 — 高希均、王力行
遠見・天下文化 事業群榮譽董事長 — 高希均
遠見・天下文化 事業群董事長 — 王力行
天下文化社長 — 王力行
天下文化總經理 — 鄧瑋羚
國際事務開發部兼版權中心總監 — 潘欣
法律顧問 — 理律法律事務所陳長文律師
著作權顧問 — 魏啓翔律師
地址 — 台北市 104 松江路 93 巷 1 號 2 樓

讀者服務專線 — 02-2662-0012 ｜ 傳眞 — 02-2662-0007, 02-2662-0009
電子郵件信箱 — cwpc@cwgv.com.tw
直接郵撥帳號 — 1326703-6 號　遠見天下文化出版股份有限公司

製版廠 — 東豪印刷事業有限公司
印刷廠 — 祥峰印刷事業有限公司
裝訂廠 — 聿成裝訂股份有限公司
登記證 — 局版台業字第 2517 號
總經銷 — 大和書報圖書股份有限公司 電話／ (02)8990-2588
出版日期 — 2014/12/29 第一版第 1 次印行
2024/03/12 第二版第 3 次印行

定價 — NT$350
ISBN — 4713510945773
書號 — BCC012A
天下文化官網 — bookzone.cwgv.com.tw

國家圖書館出版品預行編目 (CIP) 資料

傅佩榮・經典講座：孔子：追求人的完美典範／傅佩榮著 . -- 初版 . -- 臺北市：遠見天下文化 , 2014.12
面；　公分 . --（文化文創 ; CC012）
ISBN 978-986-320-641-5（平裝）

1. (周) 孔丘　2. 論語　3. 學術思想　4. 研究考訂

121.23　　103025854